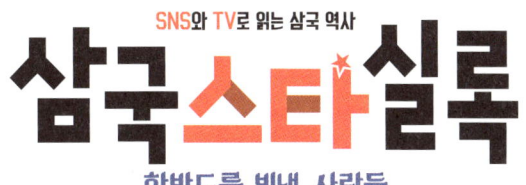

삼국스타실록

글 서지원 | 그림 순미 | 감수 김태훈

펴낸날 2020년 2월 6일 초판 1쇄, 2020년 12월 7일 초판 2쇄
펴낸이 김상수 | **기획·편집** 서유진, 권정화, 조유진, 이성령 | **디자인** 문정선, 조은영 | **영업·마케팅** 황형석
펴낸곳 루크하우스 | **주소** 서울시 서초구 사임당로 50 해양빌딩 504호 | **전화** 02)468-5057 | **팩스** 02)468-5051
출판등록 2010년 12월 15일 제2010-59호
www.lukhouse.com cafe.naver.com/lukhouse

© 서지원, (주)루크하우스 2020
저작권자의 동의 없이 무단 복제 및 전재를 금합니다.

ISBN 979-11-5568-363-7 74900
ISBN 979-11-5568-314-9 (세트)

※ 잘못된 책은 구입처에서 바꾸어 드립니다.
※ 값은 뒤표지에 있습니다.

상상의집은 (주)루크하우스의 아동출판 브랜드입니다.

SNS와 TV로 읽는 삼국 역사

삼국스타실록

한반도를 빛낸 사람들

상상의집

『삼국사기』 VS. 『삼국유사』 · · · · · 10
삼국 시대의 시작 · · · · · · · · · · 12

1 신화가 된 첫 번째 왕

고구려 제1대 왕 **주몽** · · · · · · · · · 16
백제 제1대 왕 **온조** · · · · · · · · · · 20
신라 제1대 왕 **박혁거세** · · · · · · · 24
가야 제1대 왕 **김수로** · · · · · · · · · 28

2 나라의 전성기를 이끈 용맹한 영웅

백제 제13대 왕 **근초고왕** · · · · · · 34
고구려 제17대 왕 **소수림왕** · · · · 38
고구려 제19대 왕 **광개토 대왕** · · 42
고구려 제20대 왕 **장수왕** · · · · · · 46
신라 제22대 왕 **지증왕** · · · · · · · · 50
신라 제24대 왕 **진흥왕** · · · · · · · · 54

3 삼국의 학문과 예술을 퍼뜨린 문화인

백제 학자 **왕인** · · · · · · · · · · · · · 60
고구려 승려·화가 **담징** · · · · · · · 64
신라 가야금 명인 **우륵** · · · · · · · · 68

4 삼국 통일의 승리자와 패배자

고구려 장군 **을지문덕** ········· 74
신라 제27대 왕 **선덕 여왕** ········· 78
신라 제29대 왕 **무열왕** ········· 82
백제 장군 **계백** ········· 86
고구려 장군 **연개소문** ········· 90
신라 제30대 왕 **문무왕** ········· 94

5 삼국 통일의 주역 신라인과 고구려의 후예 발해인

신라 제31대 왕 **신문왕** ········· 100
발해 제1대 왕 **대조영** ········· 104
신라 승려 **원효** ········· 108
신라 재상 **김대성** ········· 112

6 신라 말 혼란기 속 주요 인물

신라 장군 **장보고** ········· 118
신라 학자 **최치원** ········· 122
후고구려 제1대 왕 **궁예** ········· 128
후백제 제1대 왕 **견훤** ········· 132

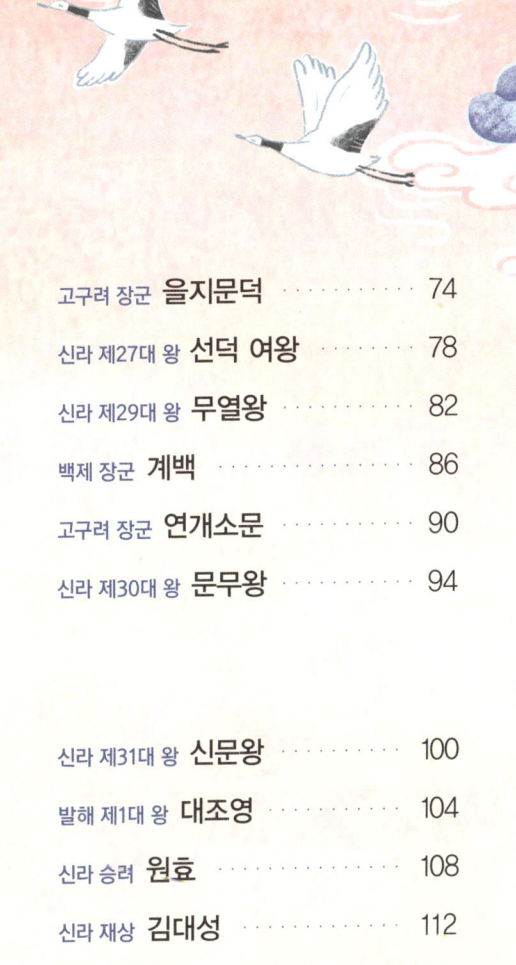

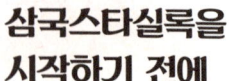
삼국스타실록을 시작하기 전에

한반도의 주인이 되기 위해 싸우다

　조선 성종 때 완성된 『동국통감』에 따르면 기원전 2333년, 이 땅에 한반도 최초의 국가 고조선이 세워졌다고 한다. 고조선은 왕이 통치하고 법을 이용해 백성을 다스리는 나라다운 나라였다.
　하지만 기원전 108년, 고조선이 멸망하자 그 자리에는 크고 작은 나라들이 우후죽순으로 생겨나기 시작했다.

엄마, 고려와 조선 전에는 어떤 나라가 있었어요?

궁금하니? 지금과 달리 한반도를 개성 만점 여러 나라가 나눠 가지고 있었지. 그래서 이때는 왕도 동시에 여럿이었어. 성격도 능력도 다양했단다. 여기서 이럴 게 아니라 왕들이 한자리에 모인 곳으로 가 보자꾸나.

왕들이 한자리에 모였다고요? 얼른 가요!

　엄마와 큰이, 둘이는 왕들이 모여 있는 곳에 도착했다.
　수염을 치렁치렁 기른 왕들은 근엄한 표정을 지은 채 자리에 앉아 있었다. 모두 다른 옷을 입고 있었지만 누가 누구인지는 알 수 없었다. 큰이는 조심스럽게 소개를 부탁했다.

주몽

내 이름은 주몽. 나는 한때 부여의 금와왕을 아버지로 모셨네. 하지만 다른 왕자들의 시기와 질투를 견딜 수 없었지. 그래서 부여를 떠나 새로운 나라 고구려를 세웠다네.

온조

반갑습니다. 저는 주몽이 고구려에서 낳은 둘째 아들 온조라고 합니다. 저는 어머니, 형과 함께 고구려를 떠나 백제를 세웠습니다. 아버지가 저희에게 고구려를 물려주실 줄 알았는데 아니더군요.

박혁거세

나로 말할 것 같으면 기원전 69년에 알에서 태어난 몸이오. 「한국을 빛낸 100명의 위인들」 노래 속 '알에서 나온 혁거세'가 바로 나를 말하는 것이오. 나는 열두 개의 소국으로 이루어져 있던 진한을 하나로 합쳐 세운 신라의 첫 번째 왕이라오.

김수로

허허. 알에서 태어난 게 뭐 대단하다고. 나는 김수로라고 하네. 나도 알에서 태어났다네. 나는 여섯 개의 황금알 중에서 가장 먼저 알을 깨고 나와 가야의 첫 번째 왕이 되었지.

왕들의 엄청난 출생의 비밀에 큰이와 둘이가 믿을 수 없다는 듯 두 눈을 끔뻑거렸다.

큰이

지…… 지금 그게 다 사실이에요?

주몽

사실이라……. 이해해 주게. 평범한 사람이 왕이 되어 나라를 다스리면 백성들이 잘 따르겠나? 아무래도 힘들지. 그러니 특별한 능력을 갖고 있고, 하늘의 선택을 받았다는 것을 강조해야 했다네.

둘이

그럼 방금 전에 한 이야기가 전부 거짓말이라는 말씀?

주몽

그건 하늘과 땅만 알 걸세.

박혁거세

우리가 어떻게 태어났는지는 별로 중요하지 않소. 중요한 것은 우리가 어떤 나라를 세우고 어떻게 땅을 넓혀 갔는지요.

김수로

참고로 나는 가야의 땅을 넓히는 데는 실패했다네. 하지만 찬란한 문화를 발전시키는 데는 성공했지.

큰이

정말요? 더 자세히 말씀해 주세요. 어떻게 나라의 영토를 넓히고 발전시키신 건가요? 궁금해요!

온조

나라를 세운 건 우리 몫이었지만, 나라를 넓히고 안정시킨 건 우리 후손들의 몫이었던지라……. 자랑하기가 좀 그렇습니다.

주몽

그런 말 말게. 훌륭한 조상이 있어야 훌륭한 후손이 있는 법이니.

주몽의 말을 끝으로 왕들은 일제히 자리에서 일어나 어딘가로 향했다. 큰이와 둘이도 서둘러 왕들을 뒤쫓아 갔다.
왕들은 멈춰 서더니 각 나라의 이름이 적힌 주사위 속으로 쑤욱 빨려 들어갔다. 큰이와 둘이는 눈을 휘둥그렇게 뜨고 주변을 두리번거렸다. 그때 웅장한 목소리가 울려왔다.

" 이제부터 한반도를 놓고 불꽃 튀는 경쟁이 시작된다. 주사위를 던져라. 누가 이 땅을 차지하는지 알게 될 것이다. "

큰이와 둘이는 여러 나라의 이름이 적힌 주사위를 던졌다.

과연 어떤 나라가 한반도를 먼저 차지할 것인가!

『삼국사기』 VS. 『삼국유사』

『삼국사기』란? ▼

『삼국사기』는 고려 인종 때(1145년) 왕의 명령으로 김부식 등 열한 명의 역사 편찬가들이 만든 역사책이다. 50권으로 이루어져 있으며 중국 역사책을 참고하여 만들었다. 『삼국사기』는 '본기', '지', '표', '열전'으로 정리되어 있다.

'본기'는 왕과 정치 이야기로 고구려 열 권, 백제 여섯 권, 신라와 통일 신라 열두 권으로 이루어져 있다. '지'는 총 아홉 권으로 음악, 옷, 제사 등 사람들이 어떻게 살았는지를 기록했다. '표'는 총 세 권으로 나라별로 중요한 사건을 시간 순서에 따라 정리했다. '열전'은 중요 인물에 대한 글로 총 열 권이다.

『삼국유사』란? ▼

『삼국유사』는 고려 충렬왕 때(1281년) 승려 일연이 쓴 역사책으로 총 다섯 권으로 이루어져 있다.

일연은 젊었을 때부터 모은 삼국 시대 자료를 최대한 고치지 않고 그대로 기록하여 『삼국유사』를 만들었다. 일연은 승려였기 때문에 자연스레 불교 관련 이야기를 많이 기록했다. 그래서 『삼국유사』에는 고승(덕이 높은 승려), 불교 설화, 불교 그림 등 불교와 관련된 다양한 내용이 담겨 있다.

『삼국유사』의 가장 큰 특징은 자료의 내용을 변형하지 않아 삼국 시대의 생활을 있는 그대로 살펴볼 수 있다는 것이다.

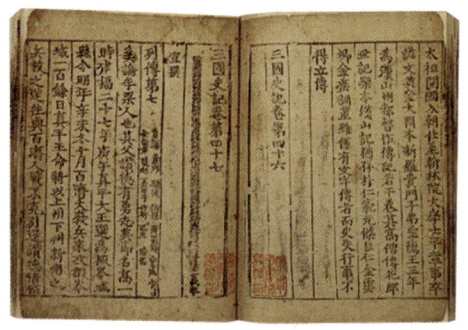

▲ 『삼국사기』 위의 사진은 삼국사기 권44~50으로 현존하는 『삼국사기』 중 가장 오래된 것이다.

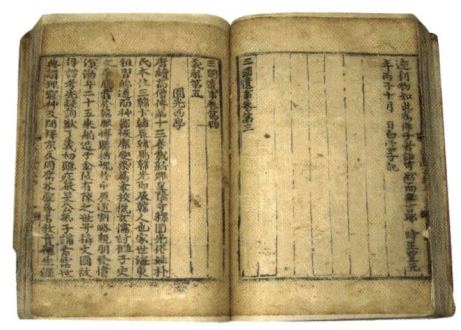

▲ 『삼국유사』 위의 사진은 삼국유사 권1~5로 1512년 중간(이미 펴낸 책을 다시 출간하는 것)된 정덕본이다.

『삼국사기』와 『삼국유사』의 공통점 ▼

　『삼국사기』와 『삼국유사』는 삼국 시대를 다룬 역사책이다. 두 책 모두 고려 시대에 쓰였고 신라 중심으로 작성되었다. 신라 중심으로 쓰인 이유는 신라가 삼국을 통일하여, 고려 시대에 남겨진 자료 대부분이 신라 입장에서 쓰인 것이었기 때문이다.
　『삼국사기』와 『삼국유사』는 현재까지 전해져 내려오는 우리나라 역사책 중 가장 오래된 역사책으로 알려져 있다.

『삼국사기』와 『삼국유사』의 차이점 ▼

　『삼국사기』와 『삼국유사』는 여러 면에서 다르다. 우선 『삼국사기』는 1145년에, 『삼국유사』는 1281년에 쓰였다.
　두 책의 가장 큰 차이점은 역사를 바라보는 관점이다. 『삼국사기』는 유교의 입장에서, 『삼국유사』는 불교의 입장에서 기록되었다. 이것은 『삼국사기』를 편찬한 김부식은 유학자, 『삼국유사』를 편찬한 일연은 승려였기 때문이다. 또 『삼국사기』는 왕의 명령으로 만들어진 역사책이고, 『삼국유사』는 승려 개인이 만든 역사책이라는 것이 다르다.

『삼국유사』에만 기록된 이야기 ▼

　『삼국사기』는 실제로 있었던 사실 위주의 역사인 '정사'를 기록한 역사책이다. 반면 『삼국유사』는 백성들 사이에 전해져 내려오던 옛이야기까지 담아내어 여러 가지 설화나 신화, 전설도 기록된 역사책이다. 그런 이유로 단군 신화는 『삼국사기』에는 기록되어 있지 않다. 단군 신화는 하늘 신의 아들 환웅과 마늘과 쑥을 먹고 곰에서 사람이 된 웅녀가 결혼해 낳은 단군이 훗날 고조선을 세웠다는 이야기다. 『삼국유사』는 단군 신화가 실린 최초의 역사책으로 한반도 최초의 국가 고조선의 존재를 확인시켜 주고 있다.

삼국 시대의 시작

고조선 멸망 후 한반도는? ▼

고조선은 한반도 남쪽에 있는 작은 부족 국가와 중국 한나라 사이를 이어 주는 무역 활동을 벌여 큰돈을 벌었다. 그러자 위협을 느낀 한나라가 고조선을 공격했다. 1년이 넘는 계속된 싸움 끝에 기원전 108년, 고조선이 멸망하고 말았다.

나라가 망하자 고조선의 백성들은 부족 단위로 찢어져 전쟁을 하거나 연합을 하여 세력을 키워 갔다. 그렇게 부여, 고구려, 옥저, 동예, 삼한 등 철기 시대에 해당하는 여러 나라가 이어지다가 얼마 후 한반도 북쪽과 남쪽, 동쪽에 고대 국가가 형성되기 시작했다. 고구려, 백제, 신라 삼국이 생긴 것이다.

중국에서는 어떤 일이? ▼

한반도에 삼국이 세워지고 있을 무렵 중국 대륙은 기원전 206년부터 기원후 220년까지 계속 한나라가 지배하고 있었다.

한나라는 유교를 국가 통치 이념으로 삼아 중국 문화의 기틀을 만들어 갔다. 한자와 종이 등 인류 문화를 발전시킨 중요한 문물들이 이 시기에 발명되었다. 한나라의 세력은 아시아 전역에 퍼져 있었고, 아시아 문화에 큰 영향을 주었다.

한나라는 삼국이 나라의 기틀을 마련하여 안정되었을 때쯤, 대규모 농민 봉기인 '황건적의 난'이 일어나 멸망했다.

고구려를 세운 주몽 신화 ▼

기원전 37년, 졸본 지역에 고구려가 세워졌다. 고구려를 세운 사람은 주몽으로 부여에서 온 사람이었다. 주몽은 '활을 잘 쏘는 사람'이라는 뜻으로 이름처럼 활쏘기 실력이 뛰어났다.

유화 부인과 해모수가 사랑에 빠졌다. 이 사실을 안 유화 부인의 아버지 하백은 유화 부인을 내쫓았다. 그 모습을 본 부여의 왕 금와왕이 유화 부인을 거두었다. 며칠 후 유화 부인이 알을 낳자, 금와왕은 신하를 시켜 유화 부인이 낳은 알을 버리도록 했다. 하지만 소와 말 등은 버려진 알을 밟지 않고 피해 갔다. 이 알에서 태어난 아이가 바로 주몽이다.

백제를 세운 온조 이야기

기원전 18년, 한강 부근에 백제가 세워졌다. 백제를 세운 사람은 주몽의 아들 온조였다.

주몽은 부여를 떠나 졸본에 오기 전 이미 결혼한 상태였다. 하지만 급하게 부여를 떠나느라 부인 예씨 부인과 아들 유리를 데려오지 못했다.

주몽은 졸본에 고구려를 세우고 소서노와 결혼하여 비류와 온조 두 아들을 낳았다. 몇 년 후, 유리가 고구려로 찾아왔다. 주몽이 유리에게 왕위를 물려주려고 하자 온조는 고구려를 떠나 한강 부근에 백제라는 새로운 나라를 세웠다.

신라를 세운 박혁거세 신화

『삼국사기』에 의하면 삼국 중 가장 먼저 세워진 나라는 신라다. 기원전 57년, 박혁거세를 왕으로 삼아 진한 사람들이 새로운 나라를 세웠다. 훗날 이 나라를 신라라고 하였다.

진한은 열두 개의 소국으로 이루어진 나라였다. 어느 날, 소국 중 하나인 사로국의 촌장이 우물 옆에서 하얀 말을 발견했다. 촌장이 다가가자 말은 사라지고 그 자리에 커다란 알만 덩그러니 놓여 있었다. 그때 갑자기 알을 깨고 사내아이가 걸어 나왔다. 사람들은 세상을 밝게 비추라는 의미로 아이를 혁거세라고 불렀다. 혁거세는 열세 살에 신라의 왕이 되었다.

우리 역사에서 삼국이 갖는 의미는?

고조선은 한반도에 세워진 최초의 나라였다. 하지만 고조선의 왕은 나라를 다스리는 통치자보다는 종교 지도자에 더 가까웠다.

삼국 시대에 이르러서야 왕을 중심으로 한 중앙 집권적인 국가 형태가 갖춰졌다. 나라마다 시기는 조금씩 달랐지만 삼국은 율령을 반포한 후 행정 조직을 갖추고 교육 기관을 만들었다. 또 백성들의 사상을 통일시켜 왕의 권력과 권위를 받쳐 줄 수 있도록 불교를 받아들였다. 자식에게 왕위를 물려주는 부자 상속의 원칙도 삼국 시대 때 만들어졌다. 소를 활용한 농사법 '우경'도 이때 개발되어 삼국 시대는 물론 이후 한반도의 농사에 큰 영향을 미쳤다. 이렇듯 삼국은 우리나라 역사의 중요한 바탕이 되었다.

1
신화가 된
첫 번째 왕

- 기원전 57년   신라 건국
- 기원전 37년   고구려 건국
- 기원전 18년   백제 건국
- 42년   가야 건국

하늘이 내린 신성한 왕

　고구려, 백제, 신라, 가야는 아주 특별한 왕들이 세운 나라예요. 건국 신화를 보면 알 수 있듯, 백제를 제외한 세 나라 모두 하늘의 뜻에 따라 내려온 신성한 왕이 세운 나라라는 것을 강조하고 있어요. 건국 신화는 왕이 강한 힘을 갖고 나라를 다스려야 한다는 의미도 가지고 있어요. 지금까지는 힘이 없는 왕이었다면 이제는 강한 힘을 가진 왕의 탄생을 뜻하는 것이지요. 훗날 삼국의 왕들은 법을 만들고, 제도를 정비하고, 백성들의 생활이 안정될 수 있도록 종교를 수용하며 나라의 기틀을 다져 나갔답니다.

❶ 신화가 된 첫 번째 왕

 좋아요　 팔로우　 공유　 저장

고구려 제1대 왕
주몽 ⌄

연관 검색어
알에서 태어난 아이　금와왕　유화 부인　소서노
고구려　동명 성왕　유리

업 적
- 졸본 지역에 고구려를 세움
- 삼국 중에서 고구려를 가장 먼저 고대 국가의 모습을 갖춘 나라로 만듦

주 요 사 건
- 알에서 태어남
- 부여를 떠나 졸본 지역으로 옴
- 고구려를 유리에게 물려주기로 결정함

기원전 58년	기원전 37년	기원전 19년
출생	고구려 건국	사망

알에서 태어났다는 신화

강의 신 하백의 딸 유화 부인과 하늘 신의 아들 해모수가 사랑에 빠졌어요. 그 사실을 안 하백은 딸이 자신의 허락도 없이 사람을 만났다며 유화 부인을 내쫓았어요. 그때 우연히 강가를 지나가던 부여의 금와왕이 강가에서 울고 있던 유화 부인을 궁으로 데려왔어요.

유화 부인이 궁에 들어오자 햇빛이 쫓아다니며 계속 유화 부인을 비췄어요. 얼마 후 유화 부인은 커다란 알을 낳았고, 알에서는 아이가 태어났지요. 이 아이가 바로 주몽이에요.

금와왕의 다른 왕자들은 주몽을 시기하고 미워했어요. 어른이 되어서도 왕자들의 괴롭힘이 사라지지 않자 유화 부인은 주몽을 떠나보내기로 결심했어요. 그렇게 주몽은 자신을 쫓는 대소 왕자를 피해 부랴부랴 부여를 떠났답니다.

🐵 둘이야. 주몽은 급히 부여를 떠나느라 부인과 아들을 데리고 가지 못했대.

🙆 헐! 근데 주몽 신화, 어디서 들은 이야기들이 마구 짬뽕되어 있는 거 같지 않아? 그래서 신화인가?

알에서 태어난 건국 신화 주몽 편 | 삼국★스타
현재 10,072명 시청 중   👍 9.8천   👎 21   → 공유   + 저장

🐵 한국사스타 서 뒤에 있는 왕자들이 다 금와왕 자식들? 완전 많아! 진짜 주몽이 눈엣가시였겠네ㅋㅋㅋ.

🙂 인성판독기 왕자들은 주몽이 어른이 되어서도 계속 괴롭혔대. 👎👎

🙆 궁금궁금궁그미 주몽이 부여를 떠날 때 강에 사는 자라와 물고기들이 다리를 만들어 줬다는데 진짜인가?

🐵 삼국tv 전해 내려오는 신화인 만큼 님이 믿고 싶은 만큼만 믿는 게 어떠신지…….

소서노와 고구려를 세우다

　부여를 떠난 주몽 일행은 압록강 중류 지역인 졸본에 도착했어요. 그곳에서 주몽은 부여 5부족 중 하나인 계루부의 공주 소서노를 만났어요. 둘은 사랑에 빠졌고, 소서노는 주몽이 하는 일을 적극적으로 도와주었어요.

　기원전 37년, 주몽은 마침내 새로운 나라 고구려를 세웠어요. 고구려를 세운 졸본 지역은 산세가 험하고 평지가 적어서 적의 침입을 잘 막아 낼 수 있는 곳이었지요. 하지만 농사지을 땅이 적어 식량이 넉넉하지 않았어요. 주몽은 평야 지대를 가지고 있는 주변 나라를 정복하여 더 넓은 영토를 차지하고 식량 문제도 해결하였답니다.

> 역시 신의 아들은 뭐가 달라도 다르구나. 주변 나라를 다 정복하다니!
>
> 주몽이 고구려를 건국할 때 소서노의 도움이 컸던 것 같아.
>
> 맞단다. 소서노는 졸본에서 재물과 권력을 가지고 있었거든.

왕위는 나의 첫 번째 아들에게!

고구려가 안정되어 갈 때쯤 주몽에게 뜻밖의 손님이 찾아왔어요. 바로 부여에서 주몽과 결혼한 예씨 부인과 그들의 아들 유리였어요. 주몽은 소서노와 결혼하여 두 아들 비류와 온조를 낳고 잘살고 있었지만, 부여에 두고 온 예씨 부인과 유리를 항상 그리워하고 있었지요.

주몽은 유리에게도 비류, 온조와 마찬가지로 왕위를 물려받을 수 있는 기회를 주었어요. 유리는 주몽이 낸 시험을 훌륭히 통과했어요. 유리에 대한 사랑이 커질수록 주몽은 소서노와 갈등을 겪을 수밖에 없었어요.

소서노는 주몽이 고구려를 세울 때 큰 도움을 주었던 자신의 아들에게 왕위를 물려줄 거라고 믿고 있었어요. 하지만 주몽은 왕위를 물려받을 태자로 유리를 선택했어요. 결국 소서노는 두 아들과 함께 고구려를 떠나기로 결심했어요.

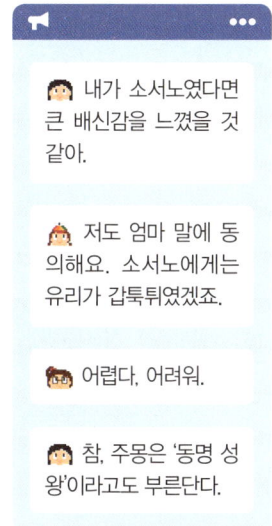

- 내가 소서노였다면 큰 배신감을 느꼈을 것 같아.
- 저도 엄마 말에 동의해요. 소서노에게는 유리가 갑툭튀였겠죠.
- 어렵다. 어려워.
- 참, 주몽은 '동명 성왕'이라고도 부른단다.

Q 누구에게 왕위를 물려주어야 할까요?
작성자 아들이셋 | 질문 4건 | 질문마감률 68.7%

안녕하세요. 제게는 세 명의 아들이 있습니다. A와 B는 두 번째 아내와 낳은 아들들이고, C는 첫 번째 아내와 낳은 아들입니다. (참고로 C는 제 곁으로 온 지 얼마 안 됐습니다.) A와 B는 지금까지 저를 많이 도와주었습니다. 특히 두 번째 아내가 제게 큰 도움을 주었습니다. 하지만 C가 제가 낸 시험도 훌륭히 통과했고, 어쩐지 믿음도 더 갑니다. 첫 아들이라서 그런 걸까요? 만약 C에게 왕위를 물려준다면 두 번째 아내와 사이가 멀어질 텐데……. 과연 어떤 것이 옳은 선택일까요?

 님의 마음은 이미 C로 기울어진 것 같네요. 근데 왕위를 물려주다니. 당신, 정체가 뭡니까?

❶ 신화가 된 첫 번째 왕

 좋아요  팔로우   공유   저장

백제 제1대 왕
온조 ⌄

연관 검색어

주몽의 아들   소서노   비류   백제   한강
위례성   고구려   부여

업 적
- 한강 유역에 백제를 세움

주 요 사 건
- 유리가 고구려의 태자가 되자 고구려를 떠남
- 비류의 백성들을 받아 줌
- 나라 이름을 십제에서 백제로 바꿈
- 고구려의 생활 방식을 받아들임

????	기원전 18년	28년
출생	백제 건국 (처음 이름은 '십제'였다.)	사망

고구려를 떠나 백제를 세우다

주몽이 부여에서 온 유리를 태자로 정하자, 비류와 온조는 어머니를 모시고 고구려를 떠나기로 했어요. 새로운 땅에 새 나라를 세우는 것이 낫겠다고 생각한 거예요.

비류와 온조는 한강 유역까지 내려왔어요. 한강 주변이 마음에 들었던 온조는 이곳에 나라를 세우기로 결정했어요. 하지만 비류는 그곳이 마음에 들지 않았어요. 결국 비류는 자신을 따르는 무리를 이끌고 바다 쪽으로 계속 가 보기로 했어요.

온조는 기원전 18년에 한강 유역에 십제를 세우고, 위례성을 수도(도읍)로 정했어요. 한강 유역은 비옥한 땅이 넓게 있는 곳으로 백성들의 생활이 안정되는 데 도움을 주었답니다. 이후 온조는 비류의 백성을 받아 주면서 나라 이름을 백제로 바꿨어요. 백제는 '백성들이 즐겁게 따른다'라는 뜻이랍니다.

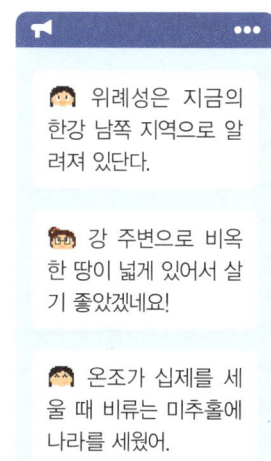

- 위례성은 지금의 한강 남쪽 지역으로 알려져 있단다.
- 강 주변으로 비옥한 땅이 넓게 있어서 살기 좋았겠네요!
- 온조가 십제를 세울 때 비류는 미추홀에 나라를 세웠어.

십제 수도 선정 보고서

후보 지역 위례성

위례성의 장점

평야 지대
한강 유역의 평야 지대라 농사짓기에 수월하다.

편리한 교통
한강의 뱃길로 황해 진출 및 중국과의 교역이 용이하다.

위례성을 십제의 수도로 결정한다.

비류의 백성을 받아 준 따뜻한 왕

비류가 나라를 세운 미추홀은 지금의 인천 지역이에요. 미추홀은 바닷가 근처라 땅이 단단하지 않고, 소금기가 많아 농사를 지어도 곡식이 제대로 자라지 않았어요. 몇 년을 노력해도 풍부한 수확이 없었지요. 백성들의 생활이 점점 어려워지자 비류는 미추홀이 수도로 적절하지 못하다는 것을 깨달았어요. 비류는 백성들의 힘든 생활을 그냥 보고만 있을 수 없어 온조에게로 갔어요.

온조는 비류와 백성들을 따뜻하게 맞아 주었어요. 그리고 나라 이름을 십제에서 백제로 바꾸었지요. 온조는 사람들에게 미추홀에서 온 백성들도 고구려에서 함께 떠나온 같은 백성이니 서로 도와주어야 한다고 말했답니다.

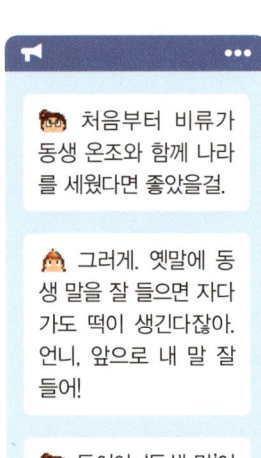

처음부터 비류가 동생 온조와 함께 나라를 세웠다면 좋았을걸.

그러게. 옛말에 동생 말을 잘 들으면 자다가도 떡이 생긴다잖아. 언니, 앞으로 내 말 잘 들어!

둘이야. '동생 말'이 아니고 '어른 말'이야.

우리는 부여의 후손

온조는 자신들이 고구려와 부여의 후손임을 숨기지 않았어요. 고구려를 세운 주몽이 부여에서 태어났고, 백제를 세운 자신이 주몽의 아들이니 백제 역시 부여에 뿌리를 두었다고 생각한 것이지요. 온조는 백제에 주몽의 사당*을 만들고 왕들의 성도 부여 씨로 정했어요.

백제는 여러 가지 생활 방식뿐만 아니라 장례 방식도 고구려를 그대로 따랐어요. 고구려 고유의 장례 방식인 돌무덤이 백제에 있는 것도 그 때문이지요.

왕들의 성이 부여 씨라니, 좀 웃긴데?

부여와 고구려와 백제가 모두 같은 뿌리라니!

---

*사당 죽은 사람의 위패를 모셔 놓은 곳

새로운 나라를 찾아서 GO GO!

좋아요

고구려를 물려받을 가능성이 있는가?

- 그렇다 → 고구려의 새 주인이 된다
- 아니다 → 새 나라를 세울 것인가?
  - 그렇다 → 새 나라를 세울 곳으로 한강 유역이 마음에 드는가?
    - 그렇다 (온조) → 한강 유역에 나라를 세운다
    - 아니다 (비류) → 바다는 마음에 드는가?
      - 그렇다 → 바다에 나라를 세운다
      - 아니다
  - 아니다

온조 ━━━ (초록)
비류 ━━━ (빨강)

 신화가 된 첫 번째 왕

 좋아요　 팔로우　 공유　 저장

신라 제1대 왕
박혁거세 ⌄

연관 검색어 ?
알에서 태어난 아이　사로국　하얀 말　진한
신라　알영　오릉

업적
- 신라의 첫 번째 왕이 됨

주요 사건
- 알에서 태어남
- 열세 살 어린 나이에 신라의 왕이 됨
- 알에서 태어난 알영과 결혼함
- 낙랑의 침입을 물리침
- 마한으로부터 공물을 바치라는 요구를 받음

기원전 69년	기원전 57년	4년
출생	신라 건국	사망

신라를 세운 스타, 나야 나

고구려, 백제, 신라 삼국이 있기 전 한반도에는 여러 개의 작은 나라들이 있었어요.

그중 지금의 경상도 부근에는 열두 개의 작은 나라로 이루어진 진한이라는 나라가 있었어요.

신라의 제1대 왕 박혁거세가 탄생한 곳은 진한에서도 경주 지역에 있는 사로국이라는 소국이었답니다.

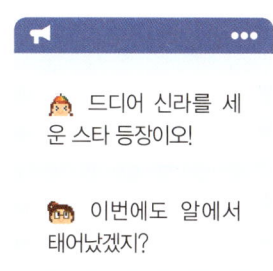

🙍 드디어 신라를 세운 스타 등장이오!

🧑 이번에도 알에서 태어났겠지?

하얀 말이 놓고 간 알에 얽힌 신화

달이 높게 떠 사방이 훤히 비치는 밤, 사로국 촌장이 우물 옆을 지나고 있었어요. 우물 옆에서는 하얀 말이 큰 소리로 울고 있었지요. 이상하게 생각한 촌장은 말에게 다가갔어요. 그러자 말은 온데간데없이 사라지고 그 자리에 커다란 알만 남겨져 있었지요.

그때 알을 깨고 사내아이가 나왔어요. 사람들은 알이 박처럼 둥그렇게 생겼다고 하여 아이의 성은 '박'으로, 세상을 밝게 비추라는 의미에서 이름은 '혁거세'로 지었어요. 사람들이 혁거세를 씻기자 아이 몸에서 빛이 나고 하늘과 땅이 흔들렸어요. 사람들은 혁거세가 하늘에서 내려온 아이라고 생각했지요.

혁거세는 보통의 아이들과 다르게 빠른 속도로 자랐어요. 기원전 57년, 혁거세가 열세 살이 되었을 때 진한 사람들은 사로국을 중심으로 열두 개의 소국을 하나로 합치고 혁거세를 신라의 왕으로 삼았어요. 이는 『삼국사기』의 기록으로, 『삼국사기』에 따르면 주몽이 고구려를 세운 시기보다 20년이나 빨랐답니다.

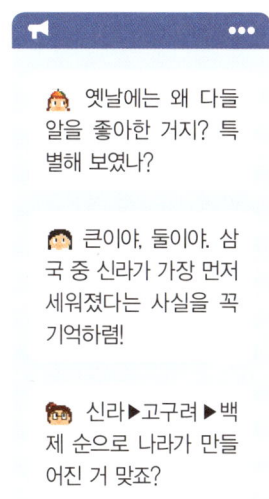

🙍 옛날에는 왜 다들 알을 좋아한 거지? 특별해 보이나?

🧑 큰이야, 둘이야. 삼국 중 신라가 가장 먼저 세워졌다는 사실을 꼭 기억하렴!

🧑 신라▶고구려▶백제 순으로 나라가 만들어진 거 맞죠?

알에서 태어난 알영과 결혼하다

박혁거세가 알에서 태어나고 며칠 후, 옆 동네에서도 알에서 아이가 태어났어요.

옆 동네 알은 우물 옆에 있던 계룡의 날개에서 떨어졌어요. 계룡이란 닭 모습을 한 용을 말하지요. 알에서 태어난 여자아이는 매우 아름다웠어요. 하지만 입이 닭의 부리처럼 뾰족했지요. 아이의 입을 본 사람들은 아이를 우물가로 데려가 씻겼어요. 그러자 부리 모양 입이 똑 떨어지고 평범한 사람의 입으로 변했어요. 사람들은 알이 발견된 우물 이름을 따 아이 이름을 알영이라고 지었어요.

박혁거세는 신라 왕이 된 후 알영을 왕비로 맞았어요.

> 👩 남편에 이어 부인도 알에서 태어났다니!
>
> 🧑 역시 신화가 맞네. 왕과 왕비 모두 특별하다는 이야기를 하고 싶었나 봐.

특별한 죽음과 오릉의 비밀

박혁거세는 61년 동안 신라를 다스리다가 세상을 떠났어요. 죽은 혁거세는 하늘로 올라갔고, 일주일 후 혁거세의 몸만 땅으로 내려와 사방으로 흩어졌답니다.

며칠 후, 갑자기 신라에 커다란 뱀이 나타나 알영의 몸을 삼켰다 뱉었어요. 그렇게 알영도 세상을 떠나고 말았지요.

사람들은 혁거세의 시신과 찢겨진 알영의 시신을 모아 장례를 치르려고 했어요. 하지만 뱀이 또다시 나타나는 바람에 시신을 한곳에 묻을 수 없었지요. 결국 사람들은 무덤 다섯 개를 만들어 나누어 묻었어요. 이 무덤들은 다섯 개의 시신이 묻힌 곳이라고 하여 '오릉'이라고 부른답니다.

> 🧑 왕과 왕비는 죽음도 특별하구나.
>
> 👩 혁거세와 알영은 세상을 떠난 후에도 땅 위에 남아 신라를 지킨 거네? 리스펙!
>
> 🧑 혁거세와 알영의 무덤 설화는 '오릉 설화'라고 한대.

파일   편집   레이아웃   문자

⊗ 삼국스타실록_삼국이 성장한 배경

삼국이 성장한 배경

주몽, 온조, 박혁거세가 삼국을 세운 후 삼국은 꾸준히 성장했다.

좋아요

• 철기 문화 발달 •

삼국이 성장할 수 있었던 가장 큰 이유는 농기구와 무기를 청동 대신 철로 만들었기 때문이에요. 처음에는 장신구나 단검 같은 것만 철로 만들었어요. 하지만 기술이 발달하고 철 생산량이 늘면서 농기구는 물론 생활에 필요한 대부분의 물건을 철로 만들었지요. 철을 이용하자 식량 생산량이 크게 늘었고, 그로 인해 나라가 부유하고 강해지게 되었답니다.

• 율령 제정 •

율령이란 법을 말해요. 나라를 사회적, 정치적, 경제적으로 안정시키기 위해서는 법이 꼭 필요해요. 삼국은 범죄를 저지른 사람을 어떻게 처벌할 것인지, 세금을 어떻게 낼 것인지 등 다양한 법을 만들었어요. 고구려는 소수림왕 때, 백제는 고이왕 때, 신라는 법흥왕 때 율령을 만들고 정비했답니다.

• 제도 정비 •

삼국 시대에는 여러 가지 제도를 만들고 정비하였어요. 나라의 살림을 위하여 백성들로부터 세금을 거두는 제도, 백성에게 의무적으로 노동을 시키는 제도, 전쟁이 일어나면 참전시키는 제도 등은 나라를 강하게 만들었답니다

• 이웃 나라와의 교류 •

삼국은 이웃 나라와 교류하며 경제와 문화를 발전시켰어요. 특히 백제는 왜(지금의 일본)와 활발하게 교류하며 각종 문물을 교환했답니다. 고구려와 신라는 가까운 당나라와 왜는 물론 멀리 아라비아와도 교역을 했어요. 이러한 문물 교류는 삼국의 문화를 크게 발전시켰답니다.

• 불교 수용 •

불교 수용은 왕권을 강화시키고 백성들의 삶을 안정시키는 데 큰 도움을 주었어요. 백성이 왕을 부처처럼 섬기자 왕권이 강해졌고, 절과 불상 등을 만들어 백성들이 한마음 한뜻으로 불교를 믿기 시작하자 백성들의 생활이 안정되었답니다.

❶ 신화가 된 첫 번째 왕

👍 좋아요   📡 팔로우   ↗ 공유   🔖 저장

가야 제1대 왕
김수로 ⌄

연관 검색어 ❓
거북 수로왕 가야 금관가야 허황옥
국제결혼 탈해왕 변신술

업적
- 가야 부족의 힘을 모아 하나의 연맹을 맺음
- 신라 탈해왕에 맞서 가야를 지킴

주요 사건
- 여섯 개의 황금 알 중에서 가장 먼저 알을 깨고 나옴
- 우리나라 최초의 국제결혼을 함
- 탈해왕과 변신술을 쓰며 싸웠다고 전해짐

????	42년	48년	199년
출생	가야 건국	아유타국 공주 허황옥과 결혼	사망

거북 노래 ➡ 김수로 탄생 신화

　가야 부족들은 낙동강 중류 지역에 모여 살았어요. 그러던 어느 날, 강가에서 이상한 목소리가 들려왔어요.
　"산꼭대기를 파면서 노래를 부르면 가야 부족에게 왕을 보내 주겠노라!"
　각 지역의 부족장들은 회의를 하여 이상한 목소리가 시킨 대로 하기로 했어요. 이상한 목소리가 한 말이 마치 하늘의 뜻 같았기 때문이에요.
　"거북아! 거북아! 머리를 내밀지 않으면 구워 먹겠다."
　보름달이 뜬 날 사람들이 거북 노래를 부르며 산꼭대기를 파자 하늘에서 자주색 끈이 내려왔어요. 자주색 끈 끝에는 여섯 개의 황금 알이 들어 있는 커다란 황금색 상자가 놓여 있었어요.
　12일 후, 상자 가운데에 있던 커다란 알을 깨고 남자아이가 태어났어요. 사람들은 하늘의 뜻이 맞다며 아이를 금관가야의 왕으로 삼았어요. 이 아이가 바로 가야의 첫 번째 왕 김수로예요.

> 이번에도 왕은 알에서 태어났군.

> 또 알이네. (이제 좀 지겨운 것 같은데.) 근데 아무리 노래여도 거북은 무슨 죄야? 머리를 내밀지 않으면 구워 먹겠다니. 너무해!

> 가야 부족장들이 부른 거북 노래는 「구지가」라는 고대 가요야.

나는야 가야 대표 기호 1번

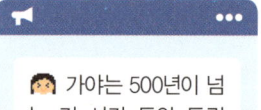

- 가야는 500년이 넘는 긴 시간 동안 독립 국가였단다.
- 그럼 삼국 시대가 아닌 사국 시대?
- 가야는 연맹 국가 성격을 벗어나지 못했기 때문에 '사국'이라고는 하지 않는단다.

나머지 다섯 알에서 태어난 왕들도 저마다 가야 부족을 하나씩 맡았어요. 당시 가야는 김해에 금관가야, 고령에 대가야, 함안에 아라가야, 고성에 소가야, 성주에 성산가야, 진주에 고령가야 이렇게 여섯 부족으로 나누어져 있었어요.

여섯 부족은 가야를 하나의 연맹으로 맺어 힘을 키우자고 했어요. 여섯 부족이 있었던 만큼 가야를 대표할 왕 후보도 여섯 명이나 되었지요. 하지만 다섯 왕들은 여섯 부족 중 가장 큰 금관가야를 맡고 있는 김수로에게 가야 대표 자리를 주기로 했어요.

이렇게 수로왕이 가야의 첫 번째 왕이 되었답니다.

왕비는 아유타국 공주님!

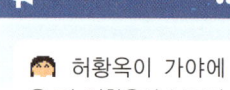

- 허황옥이 가야에 온 건 허황옥의 부모가 아주 특별한 꿈을 꾸어서래.
- 무슨 꿈인데요?
- 가야 왕은 하늘이 내린 사람이며 아직 결혼 전이니 딸과 결혼시키라는 꿈이었지.
- 우리나라 최초의 국제결혼! 빰빠밤!

김수로가 가야의 왕이 된 지 몇 년이 흘렀어요. 그때까지 수로왕은 결혼을 하지 않았어요. 사람들은 왕비가 있어야 한다며 수로왕에게 결혼을 권유했지만, 웬일인지 수로왕은 말을 듣지 않았어요.

그러던 어느 날, 붉은 돛과 깃발을 매단 배 한 척이 가야의 바닷가에 도착했어요. 배를 타고 온 여인은 수로왕을 보겠다고 청했지요.

여인은 자신을 아유타국의 허황옥 공주라고 소개했어요. 아유타국은 인도의 한 지방에 있었던 나라라는 이야기가 있답니다.

수로왕은 바다를 건너온 허황옥 공주를 왕비로 맞이했고, 둘은 서로 사랑하며 행복한 결혼 생활을 보냈답니다.

탈해왕과의 결투, 그 안에 숨은 설화

가야가 나라의 기틀을 다지고 있을 때, 신라는 나라의 힘을 키우고 있었어요. 신라의 제4대 왕 탈해왕은 가야에 쳐들어와 왕위를 넘기지 않으면 전쟁을 일으키겠다고 수로왕을 협박했어요.

수로왕은 가야를 지키기 위해 탈해왕과 결투를 벌였어요. 탈해왕이 매로 변해 공격하자, 수로왕은 독수리로 변해 공격했어요. 위협을 느낀 탈해왕은 참새로 변해 도망치려 했지만 수로왕이 새매로 변해 참새를 꼼짝 못 하게 만들었어요. 탈해왕은 얼른 본래 모습으로 돌아와 수로왕에게 항복했어요. 가야를 지켜 낸 수로왕은 그 후로도 오랫동안 가야를 다스렸답니다.

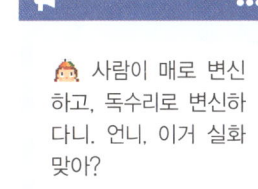

🙋 사람이 매로 변신하고, 독수리로 변신하다니. 언니, 이거 실화 맞아?

🙋 실화인지는 모르겠지만 판타지 소설보다 더 재미있는 건 확실해!

탈해왕 ⭐ HP 160
- 🟡 **참새로 변하기**
  몸집이 작은 참새로 변하여 상대의 공격을 피한다.
- 🗡 **매로 변하기**
  매로 변하여 상대에게 80 대미지를 입힌다.

수로왕 ⭐ HP 240
- 🗡 **새매로 변하기**
  새매로 변하여 상대에게 60 대미지를 입힌다.
- 🗡 **독수리로 변하기**
  독수리로 변하여 상대에게 100 대미지를 입힌다.

2
나라의 전성기를 이끈 용맹한 영웅

- 427년 고구려, 평양성으로 천도
- 433년 나제 동맹 성립
- 475년 고구려, 한강 유역 차지
- 533년 신라, 한강 유역 차지
- 562년 신라, 대가야 정복

한강 유역을 차지하기 위한 전쟁

 고구려, 백제, 신라 삼국은 한강 유역을 차지하기 위해 전쟁을 벌였어요. 삼국이 한강 유역을 차지하려고 애쓴 이유는 한강이 경제적으로도, 지리적으로도 유리한 곳이었기 때문이에요. 한강은 바다와 맞닿아 있어 이웃 나라와 쉽게 교류할 수 있었고, 농사지을 평야가 넓게 펼쳐져 있어 백성들이 안정된 생활을 보낼 수 있었어요. 삼국은 한강 유역을 번갈아 차지하며 전성기를 누렸답니다.

❷ 나라의 전성기를 이끈 용맹한 영웅

 좋아요    팔로우    공유   저장

백제 제13대 왕
근초고왕 ⌄

연관 검색어
태자   고구려   평양성   고국원왕   영토 확장
백제의 전성기   칠지도

업 적
- 영토를 넓혀 백제의 전성기를 이끎
- 주변 나라와 활발한 무역 활동을 벌임
- 백제의 역사를 담은 역사책 『서기』를 편찬함

주 요 사 건
- 고구려의 평양성을 공격함
- 평양성 공격 당시 고국원왕이 사망함

????	346년	369년	371년	375년
출생	왕위에 오름	고국원왕의 침입 물리침	고구려의 평양성 공격	사망

다음 왕은 내 아들로!

근초고왕은 백제 제13대 왕이에요. 그때까지 백제는 왕이 죽으면 형제가 다음 왕을 이어 가는 경우가 많았어요. 그래서 형제들 간에 왕위를 차지하기 위한 싸움이 자주 일어났지요. 건국 초기에는 백제의 시조였던 온조와 온조의 형인 비류의 자손들이 번갈아 가며 왕을 하기도 했지요.

왕의 힘을 키워야 나라를 잘 다스릴 수 있다고 생각한 근초고왕은 왕의 자리를 자신의 아들에게 물려주기로 결정했어요.

근초고왕은 아들을 왕위를 물려받을 태자로 정한 후 전투에 함께 참여하며 태자의 능력을 길러 주었어요. 동시에 돈과 권력이 막강했던 진씨 가문의 여인과 결혼하여 백제 최고의 가문을 같은 편으로 만들어 왕권을 강화시켰지요.

🗨️ 호랑이가 자기 새끼를 절벽으로 떨어뜨려 강하게 키우는 것처럼 근초고왕도 태자를 강하게 키웠단다.

🗨️ 그래서 엄마가 우릴 구박하는 거구나.

🗨️ 이겨 내자. 엄마가 우리를 강하게 키우려고 그러시나 봐.

백제의 정복왕

나라가 안정되자 근초고왕은 이웃 나라로 눈을 돌리기 시작했어요. 우선 근초고왕은 마한을 비롯해 가야의 소국들을 차례로 정복해 나갔어요. 문제는 고구려였어요. 당시 고구려는 한반도에서 땅도 가장 넓고 군사력도 가장 강한 나라였지요. 아무리 근초고왕이어도 백제의 군사력으로 고구려를 이기기는 힘들어 보였어요.

하지만 이대로 고구려를 포기할 수는 없었어요. 근초고왕은 고구려 병사들이 숫자는 많지만 왕의 정예 부대를 제외하고는 대부분이 훈련받지 못한 일반 백성이라는 것을 파악했어요. 그리고 백제 군사들을 훈련시켜 정예군을 만들고, 여러 가지 군사 전략도

🗨️ 근초고왕은 중국 쪽으로도 영토를 넓혔다면서요?

🗨️ 맞아. 당시 중국은 진나라가 멸망한 후 열 개가 넘는 나라로 쪼개져 싸우고 있던 터라 정신이 없었거든.

세웠지요.

근초고왕의 영리한 전투 기술로 백제는 고구려 공격에 성공하였고 무사히 황해도 부근까지 땅을 넓힐 수 있었어요.

백제군이 쏜 화살에 맞은 고구려 왕

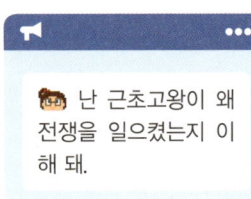

🐵 난 근초고왕이 왜 전쟁을 일으켰는지 이해 돼.

👧 왜?

🐵 고구려의 영토를 차지하면 백제는 한반도에서 가장 강한 나라가 되는 거니까!

👧 그런 이유가 있었구나. 역시 백제의 정복왕답네.

"자, 조금만 힘을 내라! 평양성이 머지않았다!"

371년 겨울, 백제 정예군 3만 명이 말을 타고 고구려의 평양성을 향해 달렸어요. 이미 몇 차례 고구려와의 전투에서 승리한 백제군의 사기는 아주 높았지요. 근초고왕은 태자와 함께 정예군을 이끌고 평양성을 차지하기 위한 공격을 시작했어요.

한편, 고구려 제16대 왕인 고국원왕은 지난 해 백제와의 전투에서 진 것도 분한데 근초고왕이 평양성까지 쳐들어오자 더 이상 화를 참을 수 없었어요.

고국원왕은 고작 3만 명으로 고구려의 성을 공격하는 백제가 가소로웠어요. 고국원왕은 고구려의 왕 정예 부대인 적색 깃발 부대에게 근초고왕을 공격하라고 명령했어요.

백제의 정예군도 근초고왕의 깃발 명령에 맞춰 질서 있게 움직였어요. 근초고왕과 백제 정예군은 고구려에 밀리지 않았어요. 하지만 고구려의 몰아치는 공격에 조금씩 지쳐 갔지요.

고국원왕은 승리가 얼마 남지 않았다고 생각하고, 끝을 내기 위해 근초고왕을 찾았어요. 그때 백제군이 쏜 화살이 고국원왕의 가슴에 꽂혔어요. 그렇게 고국원왕이 죽고, 근초고왕은 군사를 이끌고 평양성에서 물러났답니다.

백제의 전성기를 이끌다

근초고왕이 재위하던 시기의 백제는 한반도를 넘어 주변 지역으로까지 세력을 뻗어 나갔어요.

요서 지방 등 중국의 여러 곳과 바다 건너 왜와도 관계가 있었지요. 백제는 다른 나라를 공격할 때 왜의 병사를 용병으로 쓰기도 했어요. 근초고왕은 왜를 백제 밑에 있는 제후국이라고 생각하여 왜왕에게 '칠지도'라는 칼을 주기도 하였답니다.

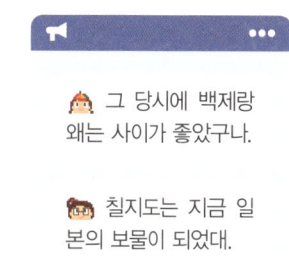

🧑 그 당시에 백제랑 왜는 사이가 좋았구나.

👩 칠지도는 지금 일본의 보물이 되었대.

근초고왕: 나의 노력으로 넓어진 백제 영토를 보아라! 그리고 요서 지방에도 진출하였도다.

▲ 칠지도

군사1: 엄청나십니다! 👍👍 가히 백제의 전성기라고 할 수 있겠습니다.

❷ 나라의 전성기를 이끈 용맹한 영웅

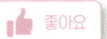 

고구려 제17대 왕

소수림왕

연관 검색어 ❓

구부　고국원왕　태학 설립　유교　불교
율령 반포　백제　수곡성

- 고국원왕이 죽은 뒤 어수선해진 고구려를 안정시킴
- 태학을 설립하여 인재를 등용함
- 불교를 받아들임
- 율령을 반포함

- 고국원왕이 백제군의 화살에 맞아 죽은 지 5년 만에 백제와의 전쟁에서 승리를 거둠

????	371년	372년	373년	384년
출생	왕위에 오름	태학 설립, 불교 수용	율령 반포	사망

고구려의 기틀을 다지다

고국원왕이 백제와의 전투 중 화살에 맞아 사망한 후, 태자 구부가 왕위에 올랐어요.

구부, 즉 소수림왕이 고구려 제17대 왕이 되었을 당시 고구려는 백제군과 전투를 치른 지 얼마 되지 않아 나라가 어수선했어요. 평양성이 공격을 받고, 고국원왕이 전투 중에 사망하는 등 여러 가지로 혼란스러운 일이 많았지요.

소수림왕은 빨리 나라를 정비하고 안정을 되찾아야겠다고 생각했어요. 그래야 백제나 중국의 공격에 맞서 나라를 지킬 수 있을 테니까요.

🙂 소수림왕의 이름이 구부구나!

🙂 갑자기 왕위에 올라 너무 당황스러웠을 것 같아.

인재가 필요해 ➡ 태학 설립

소수림왕은 나라를 잘 다스리기 위해 가장 필요한 것이 무엇인지 고민했어요. 그리고 똑똑한 인재가 필요하다는 결론을 내렸지요. 소수림왕은 372년에 인재를 키울 국립 교육 기관인 태학을 세우고 자제들에게 학문과 말타기, 활쏘기 같은 무예를 가르쳤어요. 뛰어난 인재들은 중앙 정부의 관리로 임명되었지요.

태학은 오늘날 학교 같은 곳이었지만 지금처럼 누구나 갈 수 있는 곳은 아니었어요. 귀족 자제들만 다닐 수 있었지요.

태학에서는 중국의 공자와 맹자가 지은 유교 책들을 교재로 사용했어요. 그리고 왕과 부모를 동등하게 생각하도록 하는 등 왕에 대한 충성심을 중요시했지요. 그 덕분에 소수림왕은 왕 중심으로 나라를 이끌어 갈 수 있었어요.

🙂 유교에서는 어른을 공경하고, 윗사람을 존중하도록 가르쳤기 때문에 사회 질서를 세우는 데 큰 도움이 되었단다.

🙂 태학이 우리나라 최초의 학교라면서요? 우리가 열심히 공부해야 하는 게 다 소수림왕 때문인 것 같아요!

이제부터 불교로 통★일

📢 당시 고구려 사람들은 귀신이나 동물, 산, 바다 같은 자연신을 많이 믿었다면서요?

맞아. 어떤 사람들은 산신을 믿고, 어떤 사람들은 호랑이 신을 믿는 등 아주 다양했지.

중국의 한 승려가 불경과 불상을 들고 고구려에 찾아와 "욕망을 버리고 진리를 깨달아 세상에 자비를 베풀라."라고 말했어요. 지금은 불교가 세계 3대 종교 중 하나지만 중국 승려가 고구려에 오기 전까지 고구려 사람들은 불교를 몰랐어요.

당시 고구려 백성들은 여러 신을 믿고 있었어요. 믿는 신이 다르다 보니 각자 생각이 달라서 다툼이 일어나는 경우가 많았지요.

소수림왕은 백성들이 같은 생각과 믿음을 가지고 있으면 백성들을 하나로 뭉칠 수 있을 거라고 생각했어요. 소수림왕은 불교를 정식 종교로 인정하고 백성들에게 불교를 적극 권장했어요. 불교는 빠르게 사람들 사이로 퍼져 나갔답니다.

위기를 기회로 ➡ 율령 반포

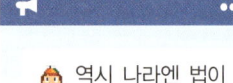
📢 역시 나라엔 법이 있어야 되는 법이지!

오, 라임 좋은데?

고국원왕이 전투에서 갑작스럽게 죽으면서 소수림왕은 따로 준비 시간을 가지지 못한 채 왕이 되었어요.

소수림왕이 왕위에 오르던 당시 고구려는 백제의 잦은 공격과 갑작스러운 왕의 죽음으로 굉장히 혼란스러운 상태였어요. 소수림왕은 이 위기를 벗어나기 위해선 내부 체제를 정비할 규칙을 만드는 것이 좋겠다고 생각했어요.

당시 고구려는 각 지역마다 법이 달랐어요. 소수림왕은 고구려 전체에 일괄적으로 적용될 규칙인 '율령'을 만들어 반포했어요. 율령의 '율'은 형벌에 관한 법을, '령'은 행정에 관한 법을 말하는 것으로 현대의 법 같은 것이지요.

아버지의 원수를 갚으리!

소수림왕이 교육 기관인 태학을 세우고, 율령을 반포하면서 고구려는 점차 안정을 되찾아갔어요.

소수림왕은 가슴속에 묻어 두었던 칼을 빼 들 준비를 시작했어요. 아버지 고국원왕이 백제군의 화살에 맞아 세상을 떠났을 때, 언젠가 백제에 원수를 갚아 주리라고 다짐했던 것이지요.

소수림왕은 왕위에 오른 지 5년이 되었을 때, 고구려 정예 부대를 이끌고 백제의 수곡성을 공격했어요. 무방비 상태였던 수곡성은 소수림왕의 칼 앞에 그대로 무너졌고, 소수림왕은 아버지 고국원왕이 죽은 지 5년 만에 통쾌한 복수에 성공했어요.

🧒 소수림왕은 아주 치밀한 사람인 것 같아.

👧 인정! 아버지의 복수를 위해 그토록 오래 칼을 갈다니!

이날만을 기다렸다.

❷ 나라의 전성기를 이끈 용맹한 영웅

 좋아요    팔로우    공유   저장

고구려 제19대 왕
광개토 대왕 ⌄

연관 검색어 ❓
소수림왕 고국양왕 백제 아신왕 후연
왜 신라 장수왕 광개토 대왕릉비

업 적
- 잃어버린 고구려의 옛 영토를 되찾음
- 고구려의 영토를 가장 크게 넓힘

주 요 사 건
- 백제를 공격하여 한강 북쪽 땅을 빼앗음
- 신라를 도와 왜군을 물리침

374년	391년	396년	400년	412년
출생	왕위에 오름	백제와의 전쟁에서 승리	신라를 도와 왜군을 물리침	사망

강력한 고구려를 꿈꾸다

고구려, 백제, 신라, 가야 등 만주와 한반도에 터전을 잡은 나라들이 어느 정도 나라의 기틀을 잡고 안정을 찾아가고 있었어요.

그중에서도 근초고왕이 다스렸던 백제는 엄청난 발전으로 영토를 크게 넓힌 상태였어요. 고구려는 백제에게 한강 부근의 땅을 많이 빼앗겨 예전만큼 힘을 발휘하지 못하고 있었지요.

백제의 공격으로 많이 위축되었던 고구려는 소수림왕과 고국양왕을 거쳐 패기만만한 광개토 대왕이 왕위에 오르면서 백제에 맞설 강한 나라가 될 준비를 시작했어요.

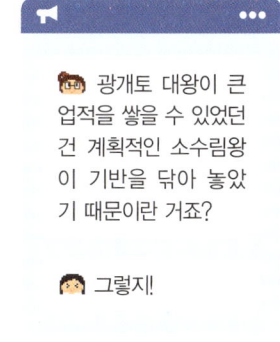

광개토 대왕이 큰 업적을 쌓을 수 있었던 건 계획적인 소수림왕이 기반을 닦아 놓았기 때문이란 거죠?

그렇지!

고구려의 영광을 되찾은 왕

광개토 대왕은 소수림왕의 조카예요. 아들이 없었던 소수림왕은 동생 고국양왕에게 왕위를 물려주었고, 고국양왕은 자신의 아들에게 왕위를 물려주어 광개토 대왕이 고구려 제19대 왕이 되었지요. 열여덟 살에 왕이 된 광개토 대왕은 선조들이 빼앗긴 영토를 되찾아오는 것을 첫 번째 목표로 삼았어요.

광개토 대왕이 왕위에 오른 다음 해에 백제에는 아신왕이 새롭게 왕위에 올랐어요. 당시 백제는 아신왕이 권력을 완전히 장악하지 못한 상태라 나라 전체가 어수선했지요.

광개토 대왕은 4만 군사를 이끌고 백제를 공격했어요. 백제의 저항이 있었지만 한강 북쪽에 있는 백제의 성 10여 곳을 점령하는 데는 문제가 없었지요. 광개토 대왕은 여기서 멈추지 않고 396년, 백제의 수도 한성을 공격하는 데도 성공했어요.

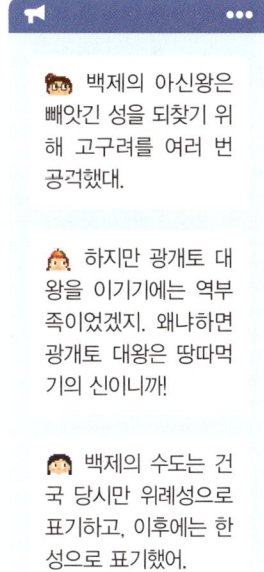

백제의 아신왕은 빼앗긴 성을 되찾기 위해 고구려를 여러 번 공격했대.

하지만 광개토 대왕을 이기기에는 역부족이었겠지. 왜냐하면 광개토 대왕은 땅따먹기의 신이니까!

백제의 수도는 건국 당시만 위례성으로 표기하고, 이후에는 한성으로 표기했어.

후연에서 왜까지, 주변 평정!

광개토 대왕은 한반도를 넘어 중국 대륙도 차지하고 싶었어요. 마침 고구려 요동성과 국경을 맞대고 있던 나라 후연의 왕 모용성이 고구려 변방을 자주 침입했지요. 광개토 대왕은 후연과 여러 차례 전투를 치렀어요. 모용성에 이어 왕위에 오른 모용희가 407년에 죽으면서 후연은 결국 멸망하였답니다.

광개토 대왕 재위 시절 백제와 신라는 고구려에게 잘 보이기 위해 조공을 바치고 있었어요. 그러던 중 왜군이 신라를 쳐들어왔어요. 고구려에 조공을 바치는 신라가 위험에 빠지자 광개토 대왕은 신라에 5만 명의 군사를 보내 왜군을 물리쳤어요.

왜군은 고구려군을 피해 가야로 향했고, 자연스레 전투는 가야에서 이어졌어요. 그 과정에서 가야는 많은 피해를 입었고 당시 가야 연맹의 우두머리였던 금관가야의 세력이 많이 약해졌어요. 이때 가야 연맹의 우두머리가 금관가야에서 대가야로 바뀌었어요.

🔊 신라를 돕다니. 광개토 대왕의 의~리!

🐻 그 당시 신라는 고구려 밑에 있는 약한 나라였구나.

🔊 긴급 재난 문자　　　　지금

〔한반도 주변국 통신〕 광개토 대왕이 중국, 왜로 힘을 뻗고 있으니 주의하길 바랍니다.

우리에게 들려주는 1500년 전 이야기

광개토 대왕이 죽고, 아들 장수왕이 왕위를 이었어요. 장수왕은 아버지를 기리는 마음을 담아 414년에 광개토 대왕의 일생을 기록한 비석을 만주 지린성 지안 지역에 세웠어요.

광개토 대왕의 일대기를 기록한 이 비석은 '광개토 대왕릉비'라고 불러요.

광개토 대왕릉비는 높이 6.39미터에 이르는 아주 큰 비석으로, 무려 1,775자의 글자가 새겨져 있어요. 광개토 대왕릉비에는 광개토 대왕의 시호인 '국강상광개토경평안호태왕'도 쓰여 있어요. 시호란 광개토 대왕이 죽은 뒤 그의 업적을 칭송하는 의미에서 붙여진 이름이랍니다.

🗨️ 우리가 광개토 대왕의 정복 역사를 자세히 알 수 있는 것은 광개토 대왕릉비에 그의 일생이 자세히 적혀 있기 때문이란다.

🗨️ 광개토 대왕은 자랑하길 좋아했나 봐요.

🗨️ 아니지. 장수왕이 아버지를 기리기 위해 세운 거잖아.

◀ 독립기념관에 있는 광개토 대왕릉비 복제본

◀ 광개토 대왕릉비 탁본(3면)

❷ 나라의 전성기를 이끈 용맹한 영웅

 좋아요　 팔로우　 공유　 저장

고구려 제20대 왕

장수왕 ⌄

연관 검색어

고구려의 전성기　외교　평양성　한성 함락
나제 동맹　광개토 대왕릉비　충주 고구려비

업 적

- 송나라, 북위와 평화적 관계를 맺음
- 수도를 국내성에서 평양성으로 옮김
- 광개토 대왕릉비를 세움

주 요 사 건

- 백제의 수도 한성을 함락시킴
- 100세 가까이 장수함

394년	412년	427년	475년	491년
출생	왕위에 오름	평양성으로 천도	백제 한성 함락시킴	사망

나는 평화 외교의 달인

광개토 대왕이 적극적으로 주변 나라를 정복해 영토를 넓혔다면, 장수왕은 주변 나라와 좋은 관계를 만들어 나가기 위해 끊임없이 노력했어요. 장수왕이 외교에 더욱 신경 썼던 이유 중 하나는 아버지 광개토 대왕이 넓힌 영토를 다시 빼앗기지 않고 유지하기 위해서였지요.

장수왕이 재위하던 시절 중국은 남쪽에는 송나라, 북쪽에는 북위 이렇게 두 나라가 있었어요. 북위는 고구려와 국경을 맞대고 있는 나라로, 장수왕은 북위와 큰 문제없이 지내고 싶었어요. 가뜩이나 백제와 사이가 좋지 않은데, 북위와도 사이가 틀어지면 곤란한 상황이 생길 수도 있었거든요. 그래서 장수왕은 북위에 사신을 수십 번 넘게 보내는 등 온 정성을 들였답니다.

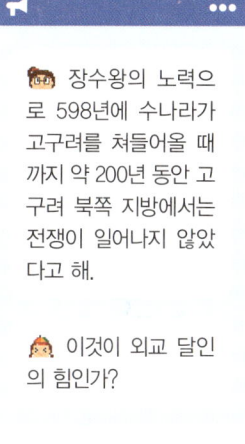

장수왕의 노력으로 598년에 수나라가 고구려를 쳐들어올 때까지 약 200년 동안 고구려 북쪽 지방에서는 전쟁이 일어나지 않았다고 해.

이것이 외교 달인의 힘인가?

바둑으로 백제를 이기다

🙂 바둑을 이용하다니. 완전 소름!

🙂 장수왕은 치밀하고 준비성이 철저한 사람이었던 게 분명해.

🙂 역시 고구려의 전성기를 이끈 왕답네!

　백제의 개로왕은 북위에 힘을 합쳐 고구려를 공격하자는 내용의 밀서를 보냈어요. 하지만 오랫동안 고구려와 좋은 관계를 유지하고 있던 북위는 백제의 제안을 받아들이지 않았어요.

　얼마 후 장수왕은 백제가 북위에 밀서를 보냈다는 사실을 알고 작전을 세웠어요.

　장수왕은 개로왕이 바둑을 좋아한다는 것을 알아내어 바둑을 잘 두기로 유명한 승려 도림을 백제에 보냈어요. 개로왕은 도림의 바둑 실력에 반해 도림을 항상 곁에 두었지요. 도림은 개로왕이 사치스러운 생활을 하게 만들었어요. 점점 백제의 금고는 비어 갔고, 군사 비용도 모자랐던 백제군은 고구려의 공격에 힘없이 무너지고 말았어요. 결국 장수왕은 475년에 백제의 수도 한성(위례성이 확대된 도시)을 함락시키고, 한강 남쪽까지 영토를 확장시켰어요.

나제 동맹에 가로막힌 남진 정책

백제는 장수왕에 쫓겨 수도 한성을 버리고 남쪽으로 내려가 웅진성(지금의 공주 지역)을 새 수도로 정했어요. 이때 백제는 신라군의 도움을 받아 성공적으로 수도를 옮길 수 있었어요.

원래 고구려와 신라는 사이가 좋은 편이었어요. 하지만 고구려가 백제를 자꾸 공격하자 백제가 신라에게 우리 두 나라가 힘을 합치면 고구려도 어쩔 수 없을 것이니 나제 동맹을 맺자고 제안했어요. 장수왕의 공격이 두려웠던 신라는 백제의 제안을 흔쾌히 받아들였어요.

신라와 백제의 나제 동맹에 한반도 남쪽을 차지하려던 장수왕의 남진 정책은 위기에 처했답니다.

🗿 신라의 라, 백제의 제를 따서 나제 동맹이구만?

🐗 하지만 장수왕을 쉽게 막을 순 없었어. 장수왕은 성공적으로 남한강 유역을 차지했고, 그것을 기념하기 위해 충주 고구려비도 세웠대.

❷ 나라의 전성기를 이끈 용맹한 영웅

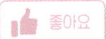 

신라 제22대 왕
지증왕

연관 검색어

신라 왕 우경 순장 금지 우산국 울릉도
독도 이사부

업적
- 나라 이름을 '신라'라고 정함
- '왕'이라는 칭호를 사용함
- 우경을 이용하여 농사짓기를 수월하게 만듦
- 순장을 금지함

주요 사건
- 이사부에게 명령을 내려 우산국을 정복함

437년	500년	505년	512년	514년
출생	왕위에 오름	각 지방에 관리 파견	우산국 정복	사망

신라를 바로 세우다

지증왕이 왕위에 올랐을 당시 신라는 서라벌, 계림, 사로 등의 이름으로 불리고 있었어요. 지증왕은 세상에 덕을 퍼뜨리겠다는 뜻을 담아 나라 이름을 '신라'라고 지었어요.

신라는 각 지방을 대표하는 가문이 직접 군사를 키우면서 해당 지방을 다스릴 만큼 지방 호족들의 세력이 강한 나라였어요. 그래서 백성들은 왕의 말보다 호족의 말을 더 잘 따랐어요. 이렇게는 안 되겠다고 생각한 지증왕은 지방을 주, 군, 현 등의 단위로 나눠 나라에서 뽑은 관리를 파견했어요. 왕명을 전해 들은 관리가 왕의 뜻에 따라 지방을 다스리게 만든 것이지요.

지증왕은 나라의 이름을 만들고, 왕이라는 호칭을 사용하고, 관리를 뽑아 지방에 직접 파견하면서 신라를 '나라다운 나라'로 만들어 갔어요.

😊 당시 신라는 장수왕에게 영토를 많이 빼앗긴 상태였어. 지증왕은 중국 왕들이 나라를 어떻게 운영하는지 연구한 후, 하나하나 정비했지.

😀 그런데 왕을 왕이라고 부르기 전에는 뭐라고 불렀어요?

😊 그 전에는 왕을 마립간이나 차차웅이라고 불렀단다.

신라 소식판

우리나라는 현재 서라벌, 계림, 사로 등 다양한 이름으로 불리고 있소. 이에 나 지증왕은 오늘부로 우리나라의 국명을 '신라'로 칭하는 바요. 또한 임금을 칭하는 칭호를 차차웅이나 마립간이 아닌 '왕'이라고 정하겠소.

지방 행정 체제에도 변화가 있소. 앞으로는 지방을 주, 군, 현 등으로 나눈 후 각 지방에 나라에서 직접 뽑은 관리를 파견하겠소.

이 모든 것은 신라를 더 굳건히 만들기 위함이오.

지증왕

소를 이용한 획기적인 농사법 개발

지증왕 재위 시절 신라는 소를 이용한 우경으로 농업이 크게 발달했어요. 소를 이용해 밭을 가는 우경으로 예전보다 몇 배나 넓은 땅을 보다 쉽게 일굴 수 있었지요. 지증왕은 농업 생산력을 높이기 위해 우경을 장려했어요.

우경을 실시하기 전까지는 사람이 직접 호미 같은 작은 농기구로 일일이 땅을 파고 밭을 일구어야 했어요. 하지만 소를 이용하게 되면서 이전보다 적은 노력으로 더 많은 농산물을 생산할 수 있게 되었지요.

역시 머리 좋은 사람은 손발이 고생하지 않아.

그래서 내가 이렇게 고생을 하는 건가?

살아 있는 사람을 묻는 것은 NO

기원전, 한반도 북쪽 지방에 있던 나라 부여에는 순장이라는 풍습이 있었어요. 이후 부여인들이 남쪽으로 내려오면서 순장 풍습은 다른 나라에도 퍼지게 되었어요.

순장이란 주인이 죽으면 노비나 신하까지 함께 묻는 장례 문화예요. 삼국 시대 사람들은 죽은 후에도 사후 세계에서 현실과 똑같은 생활을 한다고 믿었어요. 그래서 같이 생활하던 사람들은 물론 사용하던 물건이나 장식품도 함께 묻었지요.

지증왕은 죽은 사람을 위해 산 사람을 묻는 것은 있을 수 없는 일이라며 왕위에 오르자마자 순장을 금지했어요. 순장은 생명을 소중하게 다루지 않음은 물론이고 경제적으로도 비효율적인 풍습이었어요. 병사와 농사짓는 백성이 부족한 상황에 노비들을 무덤에 묻는 것은 나라에 큰 손실이었거든요.

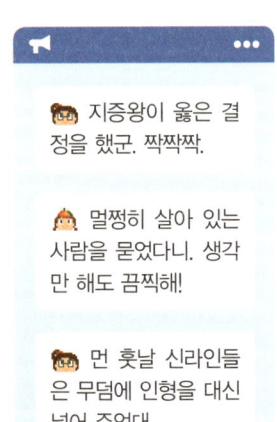

지증왕이 옳은 결정을 했군. 짝짝짝.

멀쩡히 살아 있는 사람을 묻었다니. 생각만 해도 끔찍해!

먼 훗날 신라인들은 무덤에 인형을 대신 넣어 주었대.

"독도는 우리 땅!" 뒤에는 내가!

신라의 동쪽 바다에는 작은 섬 여러 개로 이루어진 나라 우산국이 있었어요. 지증왕은 이사부 장군에게 우산국 정복 명령을 내렸어요. 우산국은 지금의 울릉도와 독도예요.

> "우산국을 정복하여 우리 영토로 삼아라."

우산국 사람들은 무장을 한 군사들이 배를 타고 건너오자 겁을 먹었어요. 하지만 이사부는 지략을 세워 칼 한번 휘두르지 않고 우산국을 정복하는 데 성공했어요. 이후 울릉도와 독도는 한반도에 속해 지금까지도 우리 땅이랍니다.

🙋 독도가 우리 땅이라는 증거가 바로 여기 있네!

🙆 독도를 자기네 땅이라고 우기는 일본의 주장을 들으면 지증왕과 이사부가 지하에서 웃겠어.

스타 실록

울릉도와 독도를 우리 땅으로 만든 신라 장군
이사부

이사부(?~?)는 신라 장군이다. 신라 지증왕, 법흥왕, 진흥왕 재위 시절, 신라가 영토를 확장할 때 눈부신 활약을 펼쳤다. 특히 지증왕 때는 우산국을 정복하여 우리 땅으로 만들었고, 진흥왕 때는 대가야와 고구려 공격에 앞장서 신라 영토를 넓히는 데 크게 기여했다.

지증왕은 왕권 강화를 위해 중앙에서 관리를 임명하여 지방에 파견하기로 결정했다. 당시 지증왕의 신임을 받고 있던 이사부는 왕명 하에 가장 먼저 지방으로 파견되었다. 505년에 하슬라주(지금의 강릉 지역) 군주로 파견된 이사부는 동쪽 바다에 있는 우산국을 눈여겨보았다.

우산국을 정복하라는 지증왕의 명령에 이사부는 전투 없이 우산국을 정복할 계획을 세웠다. 이사부는 부하들에게 나무로 사자 인형을 만들라고 지시한 뒤, 수십 개의 나무 사자를 배에 태웠다. 우산국에 도착한 이사부는 우산국 사람들에게 항복하지 않으면 이 사자들을 풀겠다고 말했다. 멀리서 나무 사자를 본 사람들은 나무 사자가 진짜 사자인 줄 알고 겁에 질려 항복했다.

이후 우산국 사람들은 우산국의 특산물을 신라에 바치며 신라의 지배를 받았다.

❷ 나라의 전성기를 이끈 용맹한 영웅

신라 제24대 왕
진흥왕 ⌄

연관 검색어

법흥왕   화랑   한강 유역   깨진 나제 동맹
진흥왕 순수비   대가야 정복

업 적

- 황룡사를 창건함
- 대가야를 정복함
- 화랑도를 국가 조직으로 개편함
- 거칠부에게 역사책 『국사』 편찬을 명령함

주 요 사 건

- 나제 동맹을 깨고 중국과 직접 교역을 시작함
- 한강 유역을 차지하여 삼국 통일의 기반을 마련함

534년	540년	553년	562년	576년
출생	왕위에 오름	황룡사 창건	대가야 정복	사망

삼국 통일의 주역, 화랑도 개편

576년, 진흥왕은 유능한 인재들을 키우기 위해 화랑도를 국가 조직으로 개편했어요. 화랑도는 학식이 뛰어난 귀족 자제들로 구성된 청소년 수련 단체예요. 화랑도에서는 신라 승려 원광이 불교, 도교, 유교 사상을 결합하여 만든 '세속 오계' 원칙을 규율로 삼아 지켰어요.

화랑도는 화랑과 낭도로 구성되어 있으며 여섯 명 정도의 화랑이 천여 명의 낭도를 관리했어요. 주로 청소년들로 구성된 화랑도는 훗날 신라가 삼국 통일을 이루는 데 큰 역할을 했어요. 20대 청년으로 이루어진 화랑도는 전투에 참가하기도 했답니다.

🙂 잘생겨야 화랑도에 들어갈 수 있다던데? 흐흐.

🐻 이런 외모 지상주의 같으니라고!

나제 동맹보다 내 나라 이익이 우선

👩 진흥왕은 의리보다 실리를 더 중요하게 생각한 왕이었군.

👧 이때부터 신라와 백제는 서로 앙숙이 되었단다.

진흥왕은 백제 성왕과 힘을 합쳐 고구려를 공격했어요. 덕분에 백제와 신라 연합군은 고구려군을 가볍게 물리치고 한강 유역을 되찾아 올 수 있었지요. 신라는 한강 유역 상류를, 백제는 한강 유역 하류를 다스리기로 했어요.

하지만 진흥왕은 한강 상류만으로는 만족할 수 없었어요. 그래서 백제를 기습 공격하여 한강 하류도 차지했어요. 이 일로 120여 년 동안 지속되었던 나제 동맹이 깨지고 말았답니다.

스타 실록

신라의 기틀을 다진 신라 제23대 왕
법흥왕

신라의 법흥왕(?~540)은 고구려의 소수림왕과 더불어 삼국 시대에 나라의 기틀을 다진 왕들 중 한 명이다.

고구려의 광개토 대왕이 안정된 기반을 바탕으로 영토를 확장시킬 수 있었던 것은 삼촌인 소수림왕이 태학을 세우고 율령을 반포하면서 나라를 튼튼히 만들었기 때문에 가능한 일이었다. 이처럼 법흥왕도 진흥왕이 강력한 신라를 만들고, 영토를 넓히는 데 든든한 밑거름이 되어 주었던 인물이다.

법흥왕은 신라를 '왕이 다스리는 나라'로 만들었다. 당시 신라에는 진골 이상의 귀족들이 모여 나라의 일을 의논하고 결정 내리는 '화백 제도'가 있었다. 법흥왕은 520년에 율령을 반포하여 화백 제도의 결정 대신 율령을 따르도록 했다.

법흥왕 재위 시절 신라 백성들은 저마다의 민간 신앙을 믿고 있었다. 법흥왕은 왕권을 강화시키고 백성들의 힘을 한데 모으기 위해 불교를 정식 종교로 받아들였다. 그리고 불교를 국교로 내세우며 왕이 곧 부처라고 백성들에게 가르쳤다. 신라가 불교를 받아들인 과정에는 이차돈의 순교가 있었다. 이차돈은 오래 전부터 신라가 강해지기 위해서는 불교를 인정해야 한다고 주장한 사람이었다. 이차돈은 자신의 신앙을 지키고 널리 퍼뜨리기 위하여 목숨을 바쳤다.

불교를 받아들인 후 왕의 힘이 귀족들의 힘보다 훨씬 강해지자, 법흥왕은 더 이상 화백 회의에 참석하지 않았다. 자신이 빠진 자리에 귀족 대표를 뽑아 회의에 참석시키고, 회의 내용만 전달받았다.

내가 정복한 곳에 순수비를

진흥왕은 자신이 넓힌 영토에 순수비를 세워 자신이 정복한 땅임을 널리 알렸어요.

진흥왕이 세운 순수비는 총 네 개로 한강을 차지한 후 세운 북한산 순수비, 대가야를 정복했을 때 세운 창녕 척경비 그리고 현재 함경도 지역에 있는 황초령 순수비와 마운령 순수비예요. 순수비가 세워진 위치를 보면 진흥왕이 북쪽으로 영토를 넓혔다는 것을 알 수 있답니다.

🐵 순수비란 왕이 살피며 돌아다닌 곳을 기념하기 위해 세운 비석이야.

🙊 오호!

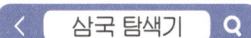 삼국 탐색기

▲ 국립중앙박물관에 있는 북한산 순수비

24king_jinheung

♥ 💬 ✈   🔖

좋아요 948개

24king_jinheung 대가야를 정복한 기념으로 경상남도 화왕산에 순수비를 세웠습니다. 벌써 몇 번째 승리인지^^ #신라 #진흥왕 #창녕_척경비

sillaman @24king_jinheung 역시 신라의 전성기를 이끌고 계신 진흥왕님이십니다!

3
삼국의 학문과 예술을 퍼뜨린 문화인

- 372년   고구려, 불교 공인
- 384년   백제, 불교 공인
- 527년   신라, 불교 공인
- 552년   백제, 왜에 불교 전파
- 562년   신라, 대가야 정복

비슷하지만 다른 문화를 가진 삼국

　고구려와 백제는 같은 뿌리를 가진 형제의 나라로 생활 방식과 문화가 비슷했어요. 두 나라 모두 돌을 쌓아 무덤을 만들고 그 위를 흙으로 덮는 돌무덤 방식을 취했어요. 반면 신라는 나무로 방을 만들고 그 위에 돌을 쌓은 뒤 흙으로 덮는 무덤 방식을 가지고 있었어요. 가야는 삼국과 달리 산등성이에 무덤을 많이 만들었어요. 이외에 고구려는 고구려인들의 강인한 모습을 그린 무덤 벽화, 백제는 화려하고 섬세한 솜씨가 돋보이는 유물, 신라는 금으로 만든 장신구, 가야는 다양한 철기가 주로 발달했답니다.

❸ 삼국의 학문과 예술을 퍼뜨린 문화인

 좋아요　 팔로우　 공유　 저장

백제 학자
왕인 ⌄

연관 검색어 ❓
오경박사　왜　일본서기　고사기　유교
천자문　와카　난파진가　아직기

업 적
- 왜의 유교 발전에 기여함
- 왜에 가 유교 경전을 가르침
- 일본의 전통시 '와카'를 최초로 지음

주 요 사 건
- 아직기의 추천으로 왜왕의 초청을 받음
- 왜 태자의 스승으로 활동함

????	5세기	????
출생	왜로 건너감	사망

한류의 시작은 바로 나!

고구려, 백제, 신라 중 왜와 가장 가깝게 지낸 나라는 백제였어요. 백제의 발달된 문화는 왜에 많은 영향을 끼쳤어요. 왜에 유교 경전을 널리 알린 것도 백제였지요.

왜에 영향을 준 사람 중에는 백제 학자 왕인이 유명해요. 왕인은 일본 유학의 시조로 왜에서 '왕인 박사'로 불렸어요.

하지만 아쉽게도 우리나라 역사책에서는 왕인에 대한 이야기를 찾아볼 수 없어요. 대신 일본 역사책인 『일본서기』와 『고사기』 등에서는 자주 등장한답니다.

비록 우리나라 역사책에는 나오지 않지만 왕인이 왜에 유교 경전을 전파한 사람이라는 것은 확실해요.

> 😀 당시 왕인의 인기는 거의 방탄소년단 급이었나 봐.
>
> 😊 진짜요? 우리나라 역사책에서는 한 번도 못 봤는데요?
>
> 😀 그래서 우리나라에서 왕인에 관심을 갖게 된 것도 1970년대가 되어서란다.

오경박사, 태자의 스승이 되다

왜는 섬나라여서 다른 나라의 문물을 쉽게 접할 수 없었어요. 반면 백제는 백제 고유문화에 중국의 선진 문물을 결합하여 아름답고 화려한 문화를 만들어 가고 있었지요.

왜는 백제로부터 새로운 문화를 받아들이고 싶었어요. 왜왕은 학문이 뛰어난 오경박사 왕인을 왜로 보내달라고 백제에 요청했어요. 백제 제17대 왕 아신왕은 왜의 요청을 들어주었지요.

왜에 도착한 왕인은 태자의 스승이 되어 태자에게 유교 경전을 비롯한 다양한 학문을 가르쳤어요. 왕인은 왜왕의 요청으로 태자뿐만 아니라 신하들에게도 유교 경전 등을 가르쳤어요. 이렇게 왕인은 왜에 유교가 퍼지는 데 공헌하였답니다.

- 백제에서는 다섯 가지 경서에 모두 능통한 사람에게 '오경박사' 관직을 내렸단다.
- 경서, 들어 봤어요! 옛 성현들이 유교 사상과 교리를 써 놓은 책이죠?
- 백제 학자가 왜 태자의 스승이 되다니!

일본의 세종대왕이라 불러다오

당시 한반도를 포함한 동양의 많은 나라들이 중국의 한자를 사용하고 있었어요.

왕인은 왜에 『논어』와 『천자문』을 들고 가 왜인들에게 가르쳐 주었어요. 하지만 왜인의 말이나 생각을 한자로 표현하는 것은 쉽지 않았어요.

그래서 왕인은 한자를 변형해 왜의 말을 기록하기 시작했어요. 훗날 왕인이 기록한 글자가 발전하여 지금의 일본 문자 '가나'가 되었답니다.

세종대왕이 한글을 만든 것처럼 왕인도 일본 문자 탄생에 도움을 준 것이지요.

- 일본 최초의 한시집 『가이후소』에는 왕인 박사가 왜어의 성질을 훼손하지 않으면서 한자를 이용해 왜어를 표현할 방법을 개발했다고 기록되어 있어.
- 우아, 백제가 일본 문화 발전에 크게 기여한 거네요?

일본 전통 문학을 만든 것도 나!

왕인은 일본 전통시인 와카의 창시자이기도 해요. 와카는 일본 귀족들이 자연에 대한 아름다움이나 남녀의 사랑을 운율에 맞춰 노래한 시예요. 900년대에 일본 귀족들이 많이 지으며 널리 알려졌어요.

현재 일본에서는 최초의 와카를 왕인 박사가 지은 「난파진가」로 보고 있어요. 「난파진가」는 난파 나루터의 노래라는 뜻으로 아주 짧은 시예요.

왕인은 「난파진가」를 지은 후 왜에서 평생을 보내며 왜의 유교 문화를 만들어 갔어요. 왕인의 자손들 역시 왜에서 학문을 연구하며 일본 문화 발전에 큰 기여를 하였지요.

> 🙋 일본에서는 왕인을 일본 전통 문학의 창시자로 보고 있구나.
>
> 🙋 이 정도면 일본 국민 스타네!

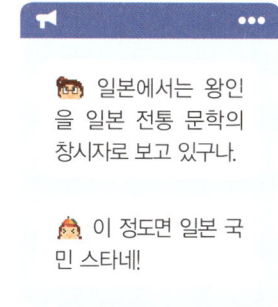

왕인을 왜왕에게 소개한 백제 학자 아직기

스타 실록

아직기(?~?)는 백제 제13대 왕 근초고왕 때부터 백제 제17대 왕 아신왕이 백제를 다스릴 때까지 활동했던 백제 학자이다. '아지길사'라고도 부른다. 언제 태어나고 죽었는지는 정확한 자료로 남아 있지 않다.

아직기는 근초고왕의 명령을 받고 왜에 파견된 사신이었다. 아직기는 말 두 필을 끌고 왜로 건너갔다. 말을 선물받은 왜왕은 아직기에게 말 돌보는 일을 맡겼다. 이외에도 아직기는 왜인에게 승마술도 가르쳤다고 전해진다.

당시 아직기는 학문에 관심이 많아 경서와 중국 책들을 많이 알고 있었다. 이 사실을 알게 된 왜왕은 아직기를 태자의 스승으로 삼아 공부를 가르치도록 했다.

아직기를 신뢰하게 된 왜왕은 아직기에게 백제에 뛰어난 학자가 많은지 물어보았다. 아직기는 오경박사 왕인을 이야기했고, 왜왕은 아직기의 추천에 따라 백제의 아신왕에게 왕인을 보내 줄 것을 요청하였다. 왕인이 왜로 건너가게 된 것은 아직기의 추천 때문이었다.

왕인과 마찬가지로 아직기도 우리나라 역사책에 등장하지 않는다. 대신 일본 역사책 『일본서기』와 『고사기』에 등장한다.

❸ 삼국의 학문과 예술을 퍼뜨린 문화인

👍 좋아요   📡 팔로우   ➤ 공유   🔖 저장

고구려 승려·화가
담징 ⌄

연관 검색어 ❓
불교   일본   쇼토쿠 태자   종이   먹
호류사   금당 벽화

업 적
- 왜에 종이와 먹의 제조법을 알려 줌

주 요 사 건
- 왜의 불교문화 성장에 도움을 줌
- 왜인들에게 채색하는 방법을 알려 줌
- 쇼토쿠 태자와 교류하며 일본 예술 문화 발전에 기여함
- 호류사에 금당 벽화를 그렸다고 전해짐

579년	610년	631년
출생	왜로 건너감	사망

왜에 불교를 알린 고구려인

지리적 특성상 대부분의 대륙 문화는 한반도를 거쳐 왜에 들어갔어요. 왕인이 『논어』와 『천자문』을 왜에 들여갔던 것처럼 불교 역시 고구려와 백제의 승려를 통해 왜에 전파되었어요.

왕인 이후 삼국의 많은 학자와 승려들이 왜로 갔어요. 이들은 왜의 불교문화를 꽃피우는 데 중요한 밑거름이 되었지요.

그중에서도 고구려 승려 담징은 왜에 불교를 전파하고, 불교문화가 크는 데 도움을 주고, 예술 문화의 기본을 알려 주었어요. 담징은 이때 호류사라는 절에 그림을 그리기도 했어요.

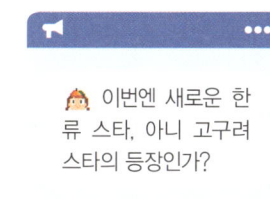

🙈 이번엔 새로운 한류 스타, 아니 고구려 스타의 등장인가?

🙉 담징이 그렸다는 그림은 무엇일까?

▲ 일본 나라시에 있는 호류사

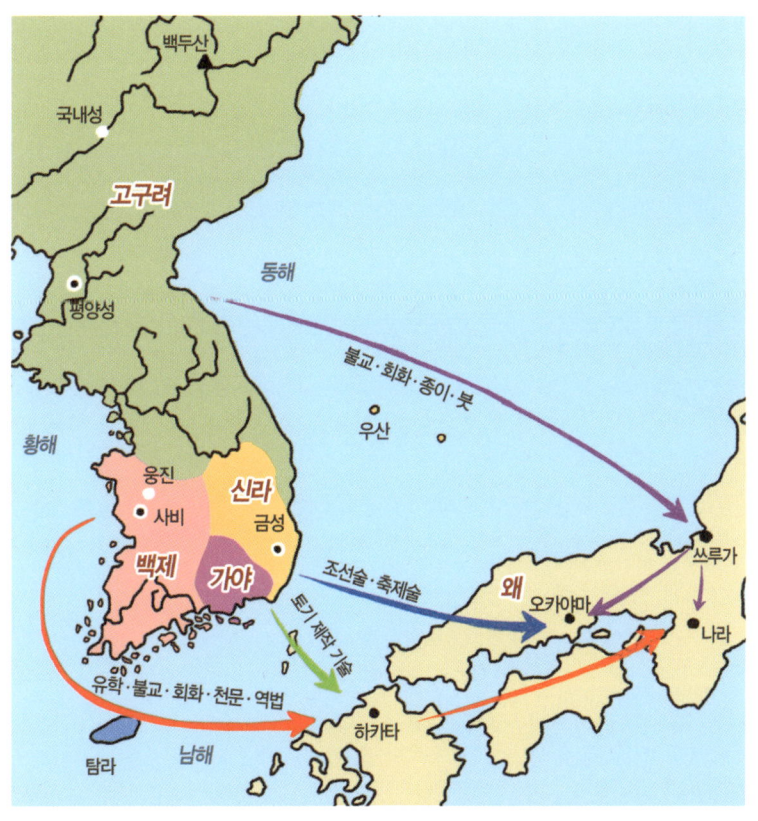

능력자 담징: 종이 만드는 비법 전수

담징이 왜로 건너갔을 때, 왜에서는 쇼토쿠 태자를 중심으로 아스카 문화가 생겨나고 있었어요. 아스카 문화는 일본 최초의 불교문화로 백제의 영향을 많이 받았어요.

당시 왜왕의 조카로 영향력이 컸던 쇼토쿠 태자는 고구려 승려 혜자를 통해 불교를 접한 뒤, 불교의 매력에 빠져 있었지요.

쇼토쿠 태자는 담징이 왜에 왔다는 소식을 듣고 담징을 궁으로 초대했어요.

담징은 쇼토쿠 태자에게 종이와 먹을 만드는 방법, 그림에 색을 넣는 방법, 맷돌을 만드는 방법 등을 가르쳐 주었어요.

담징은 왜에 종이를 전파한 사람이에요. 담징의 가르침으로 왜의 예술 문화가 발전할 수 있었답니다.

> 🧒 종이의 보급으로 왜의 문화는 빠르게 발전할 수 있었단다.
>
> 👨 한마디로 담징은 왜의 문화 은인이라고 할 수 있겠네요!
>
> 🧒 대단한데?

스타 실록

왜에 불교를 전파한 고구려 승려
혜자

혜자(?~?)는 고구려 제26대 왕 영양왕 때의 승려이다. 담징이 왜에 가기 전, 왜에 불교를 전파했다.

혜자는 595년 백제의 승려 혜총과 함께 왜로 건너갔다. 그리고 먼 훗날 서양 신부들이 조선에 천주교를 알리기 위해 활동했던 것처럼 왜에 불교를 알리기 위해 활동했다.

596년, 호류사가 완공되자 혜자와 혜총은 호류사에 머물렀다. 혜자는 쇼토쿠 태자의 스승으로 지내며 왜 지도층에 불교를 전파하는 데 힘썼다. 쇼토쿠 태자는 평소에도 불교에 관심이 많아 혜자에게 20여 년 동안 불교를 배웠다. 이후 쇼토쿠 태자는 일본의 불교문화인 아스카 문화를 만들었다.

호류사에는 혜자의 조각상이 있다. 그러나 혜자의 조각상은 비밀히 모셔진 것으로 1년에 딱 한 번만 일반인들에게 공개된다.

우리나라 역사책에는 혜자에 대한 기록이 없고, 『일본서기』에만 등장한다.

동양 3대 불교 미술품, 금당 벽화

쇼토쿠 태자는 담징의 깊은 학문에 감명을 받아 담징과 자주 만나 이야기를 나누었어요. 담징은 왜에 있는 동안 호류사에 머물며 왜인들에게 부처가 말한 교법인 불법을 강의하고 유학을 가르쳤어요. 호류사는 일본의 아스카 문화를 대표하는 절로, 세계에서 가장 오래된 목조 건물이 남아 있는 곳이에요.

담징은 유학에 능통한 것은 물론 그림 실력도 뛰어났어요. 그래서 호류사 금당 벽 12면에 있는 금당 벽화를 그린 인물로 담징이 꼽히고 있지요.

금당 벽화는 일본 내 그려진 불화(불교 내용을 그린 그림) 중 가장 오래된 그림이에요. 금당 벽화는 우리나라의 석굴암, 중국의 윈강 석굴과 함께 동양의 3대 불교 미술품으로 꼽힌답니다.

> 여러 이유로 금당 벽화를 그린 사람이 담징이 아니라는 말이 있기도 해.
>
> 헐. 진짜?
>
> 하지만 금당 벽화가 고구려와 백제의 영향을 받았다는 건 틀림없어.

❸ 삼국의 학문과 예술을 퍼뜨린 문화인

👍 좋아요   📡 팔로우   ↗ 공유   🔖 저장

신라 가야금 명인
우륵 ⌄

연관 검색어 ❓

가야   가실왕   궁중 악사   가야금   12곡
신라   탄금대   진흥왕

업 적
- 가실왕과 함께 가야금을 만듦
- 12곡을 지음
- 신라의 음악 예술을 발달시킴

주 요 사 건
- 가야 멸망 후 신라 조정에 흡수됨
- 탄금대에서 음악을 연주하다 진흥왕의 눈에 띔

????	551년	????
출생	신라로 망명	사망

가야인을 하나로 이어 줄 악기의 탄생

가야 말기 가실왕은 우륵에게 아름다운 소리를 내는 악기를 만들라고 명령했어요. 우륵은 왕명에 따라 한반도의 옛 악기와 중국의 악기를 분석하고 연구했지요. 그리고 520년경 한반도 최초의 현악기인 12현금을 만들었어요.

12현금은 가야에서 만들어진 악기라는 뜻에서 '가얏고' 또는 '가야금'이라고 불렸어요.

가야금은 우리 민족이 만든 최초의 현악기라는 데 큰 의미가 있답니다.

🗣️ 가야금의 위쪽은 하늘을 뜻하여서 둥그렇게, 아래쪽은 땅을 뜻하여서 평평하게 만든 거래.

🙆 그렇게 깊은 뜻이!

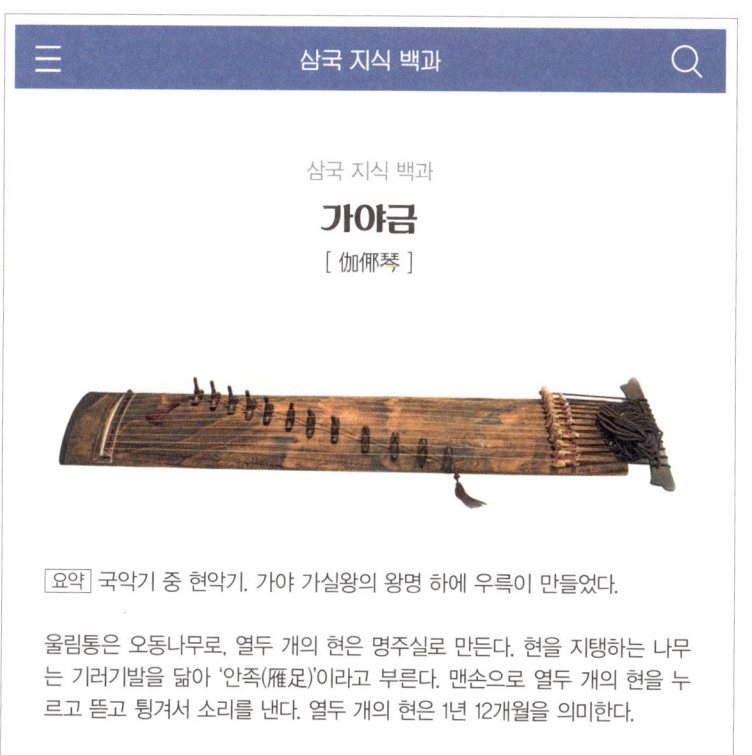

삼국 지식 백과

가야금
[伽倻琴]

요약 국악기 중 현악기. 가야 가실왕의 왕명 하에 우륵이 만들었다.

울림통은 오동나무로, 열두 개의 현은 명주실로 만든다. 현을 지탱하는 나무는 기러기발을 닮아 '안족(雁足)'이라고 부른다. 맨손으로 열두 개의 현을 누르고 뜯고 튕겨서 소리를 낸다. 열두 개의 현은 1년 12개월을 의미한다.

▲ 경상북도 고령에 있는 우륵기념탑

12현금으로 지은 12곡

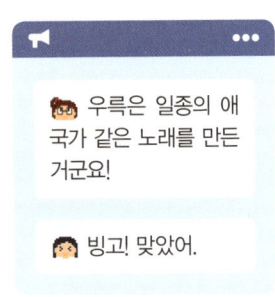

🧑 우륵은 일종의 애국가 같은 노래를 만든 거군요!

👦 빙고! 맞았어.

가실왕은 우륵에게 가야의 각 지역에 맞는 열두 개의 곡을 만들라고 지시했어요. 우륵은 「거열」, 「달이」, 「물혜」, 「보기」, 「사물」, 「사자기」, 「사팔혜」, 「상가라도」, 「상기물」, 「이사」, 「하가라도」, 「하기물」 등의 곡을 만들었어요. 대부분의 곡명은 당시 지명을 땄지요.

우륵이 만든 열두 곡은 '12곡'으로 불리며 가야에 중요한 행사가 있을 때마다 연주되었어요. 각 지역의 음악을 함께 연주하며 가야에 속했음을 느끼게 하는 가실왕의 깊은 뜻이었지요.

*「보기」와 「사자기」는 지명이 아니다.

가야, 역사 속으로 사라지다

가야는 수준 높은 문화를 만드는 데는 성공했지만 정치적인 발전을 이루는 데는 실패했어요. 연맹 국가였던 가야는 힘을 하나로 모으지 못해 백제와 신라로부터 계속 공격을 받았지요.

551년, 우륵은 가야에 더 이상 희망이 없다고 생각하여 가야금을 가지고 신라로 망명했어요. 그리고 562년, 결국 가야는 대가야의 멸망을 끝으로 500여 년의 긴 역사를 뒤로 하고 신라에 합병되었답니다.

> 🗨 가야 멸망 당시 김유신의 할아버지인 김무력 장군도 신라 조정에 흡수되었대.
>
> 🗨 김유신? 어디서 들어 본 것 같은데.

가야 잃은 슬픔을 달랬던 탄금대

우륵은 신라 국원(지금의 충주 지역)에 머무르며 대문산 탄금대에 올라가 12곡을 연주하곤 했어요. 그러던 어느 날 진흥왕이 근처를 지나가다가 우륵의 연주를 듣게 되었어요. 진흥왕은 당장 우륵을 국가 대악으로 삼고, 우륵에게 선대왕들의 업적이나 유교 사상이 들어산 음악을 만들라고 지시했어요.

이후 우륵은 신라인들에게 자신의 음악을 전수하였답니다.

> 🗨 만약 우륵이 탄금대에서 연주하지 않았더라면······.
>
> 🗨 신라에서 너 널리 연주된 가야의 가야금!

4
삼국 통일의 승리자와 패배자

- 612년 — 살수 대첩
- 645년 — 안시성 전투
- 660년 — 백제 멸망
- 668년 — 고구려 멸망
- 676년 — 신라, 삼국 통일

불꽃 튀는 외교전과 끝없는 전쟁

　을지문덕 장군이 이끌던 고구려는 수나라와의 싸움에서 연달아 승리를 거두었어요. 결국 수나라가 멸망했지만 새로 세워진 당나라도 고구려를 가만두지 않았지요. 한편 신라는 기세등등한 백제에 맞서기 위해 당나라와 손을 잡았어요. 삼국은 전쟁에 이기기 위해 서로 편을 먹기도 하고 적이 되기도 하는 외교전을 벌이며 전쟁을 계속했답니다. 과연 이 뜨거운 전쟁 끝에 한반도를 차지하고 삼국 통일을 이룬 승리자는 누가 될까요?

 삼국 통일의 승리자와 패배자

 좋아요　 팔로우　 공유　 저장

고구려 장군
을지문덕 ⌄

연관 검색어 ❓
고구려　영양왕　수나라　양제　청야 작전
살수 대첩　청천강　여수장우중문시

업적
- 수나라를 상대로 큰 승리를 거둠

주요 사건
- 수나라에 거짓 항복을 하고 적진을 살핌
- 청야 작전을 펼침
- 수나라 장군 우중문에게 시 한 편을 보냄
- 살수 대첩에서 수나라군 30만 명을 물리침

????	612년	????
출생	살수 대첩 승리	사망

나는 고구려의 버팀목

한나라가 멸망한 후, 중국은 오랫동안 여러 나라로 분열되어 있었어요. 각 나라들은 중국 대륙의 영토를 서로 차지하느라 한반도까지 영역을 넓힐 여유가 없었어요. 그러던 중 수나라가 다시 여러 나라를 통합하자 상황이 급변했어요. 수나라가 주변 나라들을 정복하려고 한 것이지요.

수나라 제2대 황제 양제는 자신을 찾아와 인사하라며 고구려 제26대 왕인 영양왕을 협박하기도 했어요. 영양왕이 인사를 가지 않자 양제는 100만 명이 넘는 군사를 이끌고 고구려로 쳐들어왔어요. 하지만 고구려는 걱정하지 않았어요. 고구려의 버팀목, 을지문덕 장군이 있었거든요.

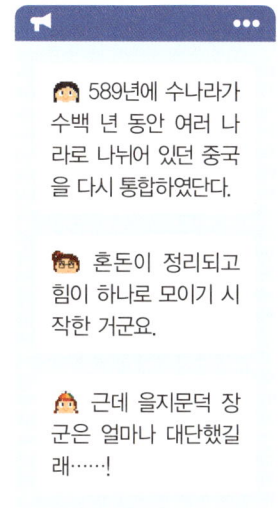

589년에 수나라가 수백 년 동안 여러 나라로 나뉘어 있던 중국을 다시 통합하였단다.

혼돈이 정리되고 힘이 하나로 모이기 시작한 거군요.

근데 을지문덕 장군은 얼마나 대단했길래……!

거짓 항복과 청야 작전!

수나라는 신무기를 앞세운 막강한 군대를 가지고 있었어요. 게다가 고구려군에 비해 군사 수도 압도적으로 많았지요. 을지문덕은 수나라의 사정을 제대로 파악하기 위해 항복하는 척하며 적진으로 들어가 수나라군의 문제점을 알아냈어요.

수나라군은 고구려까지 걸어온 탓에 몹시 지쳐 있었고, 식량도 부족했어요. 을지문덕은 고구려에 있는 모든 식량을 감추라고 명령했어요. 또 우물에 약을 타서 물도 긷지 못하도록 하였어요. 수나라군이 농작물 등을 이용할 수 없도록 '청야 작전'을 펼친 것이지요. 을지문덕의 작전대로 수나라 군사들은 쌀 한 톨, 물 한 모금도 구할 수 없어 점점 지쳐 갔어요.

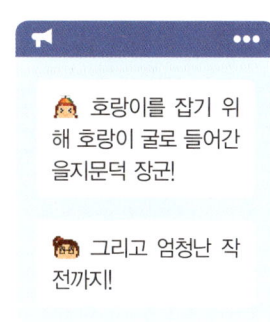

호랑이를 잡기 위해 호랑이 굴로 들어간 을지문덕 장군!

그리고 엄청난 작전까지!

살수 대첩 = 청천강이 무덤이 될 것이다

식량이 줄어들자 마음이 조급해진 양제는 장군 우중문을 앞세워 고구려의 수도 평양성으로 30만 명의 별동대를 이동시켰어요. 그때 을지문덕이 우중문에게 편지 한 통을 보냈어요. 너희는 이미 고구려군에게 포위되었다는 내용의 시였지요. 우중문은 자신이 을지문덕의 작전에 넘어갔음을 알아차리고 후퇴했어요. 하지만 을지문덕은 수나라군이 청천강의 반쯤 건넜을 때 맹렬히 공격하기 시작했어요. 이 전투가 살수 대첩이에요.

살수 대첩으로 수나라 군사 30만 명 중 단 3천여 명만이 살아남았답니다.

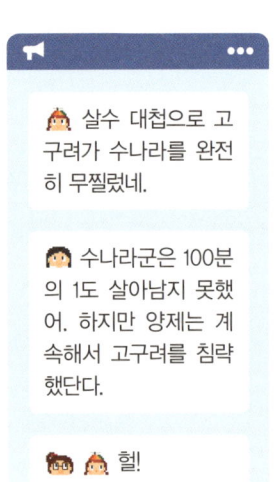

🗨️ 살수 대첩으로 고구려가 수나라를 완전히 무찔렀네.

🗨️ 수나라군은 100분의 1도 살아남지 못했어. 하지만 양제는 계속해서 고구려를 침략했단다.

🗨️ 헐!

삼국 탐색기

그대의 신기한 작전은 하늘의 이치를 알았고, 오묘한 계획은 땅의 이치를 꿰뚫었도다. 전쟁에 이겨서 이미 공이 크니, 만족함을 알고 이만 돌아가는 것이 어떠한가.

▲ 을지문덕이 우중문에게 보낸 「여수장우중문시」

[속보] 수나라 양제, 고구려 또 침략해

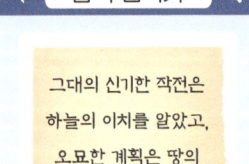

※ 격전지
→ 고구려 영양왕의 공격(598)
→ 수 양제의 1차 침입(612)
⇢ 수 양제의 2차 침입(613)
⇢ 수 양제의 3차 침입(614)

💬 댓글 559

ㄴ 또????
방금 전 | 신고

ㄴ 양제야, 지겹지도 않냐? 이제 그만 패배를 인정해!
방금 전 | 신고

스타 실록

20만 당나라 최강 대군 VS. 안시성 성주와 백성들

  618년에 수나라가 멸망한 후 당나라가 중국을 통일했다. 당나라는 고구려를 정복하기 위해 호시탐탐 기회를 엿보고 있었다. 마침 고구려의 장군 연개소문이 영류왕을 죽이고 허수아비 왕이나 다를 바 없는 보장왕을 왕으로 세웠다. 당나라는 이때다 싶어, 고구려를 쳐들어왔다. 고구려는 수년 동안 천리장성을 쌓으며 당나라의 침입을 대비했지만 안시성 하나만 남기고 나머지 성을 전부 빼앗겨 버리고 말았다. 안시성은 지형이 높고 험난해 외부에서 쉽게 공격할 수 없는 곳이었다. 또 당나라가 평양성으로 진격할 때 식량과 무기를 옮기는 중요한 보급로이기도 했다. 이러한 이유로 당나라 태종은 고구려를 정복하기 위해 반드시 안시성을 무너뜨려야만 했다.

  안시성의 성주 양만춘(?~?)은 당나라 공격에 대비해 백성들을 성안으로 불러들였다. 비상식량을 준비하고, 성 안쪽에 바위를 쌓고, 주변의 풍부한 철광석을 이용해 화살, 창, 칼 등 무기를 준비했다.

  당나라 황제 태종이 20만 명의 정예 부대를 이끌고 안시성을 공격했다. 당나라군은 사다리와 대포 등 신무기를 이용해 안시성을 맹렬히 공격했다. 하지만 하나로 똘똘 뭉쳐 성을 지키는 안시성 성주와 백성들을 이길 수는 없었다. 성문 열기가 힘들다는 것을 깨달은 당나라 태종은 안시성 성벽보다 높은 흙산을 쌓아 성안을 공격하려고 했다. 하지만 흙산 일부가 무너지면서 오히려 안시성 성주와 백성들에게 흙산을 빼앗기고 말았다.

  3개월 동안 지속된 전투에도 당나라 군사들은 안시성 안으로 한 발짝도 들어갈 수 없었다. 결국 당나라 태종은 군사들에게 후퇴를 명령했다.

❹ 삼국 통일의 승리자와 패배자

신라 제27대 왕
선덕 여왕 ⌄

연관 검색어 ?
진평왕 덕만 모란꽃 불교 황룡사 9층 목탑
김춘추 김유신 비담

업적
- 우리나라 최초의 여왕
- 분황사와 황룡사 9층 목탑을 세움

주요 사건
- 당나라 태종이 보낸 선물의 참뜻을 알아냄
- 재위 시절 비담의 난이 일어남
- 불교로 백성의 힘을 모음
- 당나라와 좋은 외교 관계를 유지함

????	632년	634년	643년	647년
출생	왕위에 오름	분황사 창건	황룡사 9층 목탑 창건	사망

최초로 왕이 된 여자, 덕만

신라에는 골품제라는 신분 제도가 있어서 신분에 따라 오를 수 있는 관직에 차이가 있었어요. 그중 왕은 반드시 성골이어야만 했지요. 성골은 부모 모두 왕족 신분인 사람을 말해요.

신라 제26대 왕인 진평왕 때에는 진평왕의 왕위를 이을 성골 남자가 아무도 없었어요. 그래서 진평왕은 첫째 공주인 덕만에게 왕위를 물려주었어요. 덕만이 바로 우리나라 최초의 여왕, 선덕 여왕이에요.

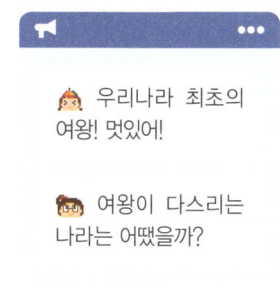

🙆 우리나라 최초의 여왕! 멋있어!

🙆 여왕이 다스리는 나라는 어땠을까?

향기 없는 모란꽃의 비밀

선덕 여왕이 왕위에 오르자 당나라 태종이 선물을 보내왔어요. 붉은색, 자주색, 흰색 모란꽃이 그려져 있는 그림과 모란꽃의 꽃씨였지요.

그림을 본 선덕 여왕은 이 꽃에서는 분명 향기가 나지 않을 것이라고 신하들에게 이야기했어요. 신하들은 태종이 보내온 꽃씨를 뿌리고 가꾸었어요. 훗날 꽃이 피어 냄새를 맡아 보니 정말 꽃에서는 향기가 나지 않았어요. 신하들은 깜짝 놀라 선덕 여왕에게 이 사실을 어떻게 알았느냐고 물었어요.

"그림 속 꽃에는 나비와 벌이 없지 않은가. 그건 꽃에 향기가 없기 때문이라네. 당나라 태종이 내가 홀몸이라는 것을 비꼬려고 선물을 보낸 것이 분명하네."

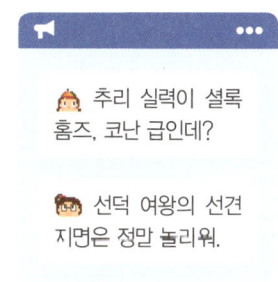

🙆 추리 실력이 셜록 홈즈, 코난 급인데?

🙆 선덕 여왕의 선견지명은 정말 놀라워.

황룡사 9층 목탑: 여왕의 권위를 보여 주리

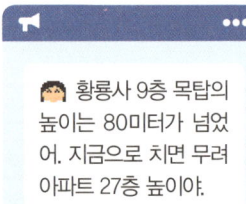

황룡사 9층 목탑의 높이는 80미터가 넘었어. 지금으로 치면 무려 아파트 27층 높이야.

그런 목탑이 불에 타 사라지다니…….

여왕이 왕위에 오르자 나라 안팎으로 말이 많았어요. 이때 당나라로 유학을 다녀온 자장 대사가 선덕 여왕에게 황룡사 9층 목탑을 세울 것을 권유했어요. 선덕 여왕은 목탑을 세우는 것이 이웃 나라로부터 신라를 지킬 수 있는 방법 중 하나라고 생각하여 황룡사 9층 목탑을 지었어요. 황룡사 9층 목탑에는 불교의 힘으로 신라를 지키겠다는 의미와 여왕의 권위를 보여 주겠다는 의미가 담겨 있었지요.

현재는 황룡사 9층 목탑이 있던 자리의 흔적만 남아 있어요.

▲ 황룡사역사문화관에 있는 황룡사 9층 목탑 모형

고려일보 1238년

[속보] 황룡사 9층 목탑, 몽골 침략으로 불에 타 흔적만 남아

(종합2보) 신라 선덕 여왕의 왕명 하에 643년에 세워졌던 황룡사 9층 목탑이 몽골의 침략으로 불에 타 사라지고 말았습니다.

백제의 공격과 내부 반란

선덕 여왕 재위 시절, 고구려와 백제는 과거에 신라에 빼앗긴 영토를 되찾기 위해 계속 신라를 공격했어요. 642년에 백제가 신라의 대야성을 점령하자 선덕 여왕은 김춘추에게 이웃 나라에 도움을 요청하라고 명령하여 백제의 공격을 물리쳤어요.

당시 신라는 내부에도 문제가 있었어요. 신라 최고 관직인 상대등을 맡고 있던 비담이 반란을 일으킨 것이지요. 비담은 자신이 왕이 되겠다고 나섰지만 실패했어요. 이때 김춘추와 장군 김유신이 선덕 여왕을 도와 비담의 난을 물리쳤답니다.

🔸 백제 의자왕이 대야성을 공격했을 때 김춘추에게 큰일이 벌어졌대. 무슨 일일까?

🔸 비담의 난이 끝나고 얼마 후, 선덕 여왕은 세상을 떠났어.

삼국 지식 백과

비담의 난
[毗曇—亂]

요약 647년(선덕 여왕 16)에 신라의 상대등 비담이 일으킨 반란.

비담은 선덕 여왕이 나라를 잘 다스리지 못한다며 스스로 왕위에 오르기 위해 자신을 따르는 귀족들과 반란을 일으켰다. 당시 신라 최고 관직이 앞장섰던 만큼 규모가 컸고, 신라 역사에 한 획을 긋는 사건이었다.

삼국 탐색기

▲ 경상북도 경주시에 있는 선덕 여왕릉 비석

④ 삼국 통일의 승리자와 패배자

신라 제29대 왕
무열왕

연관 검색어

김춘추   선덕 여왕   진덕 여왕   나당 연합
백제   의자왕   대야성   김유신

업적
- 탁월한 외교 능력을 발휘해 나당 연합을 맺음
- 비담의 난을 물리침
- 삼국 통일의 기반을 다짐

주요 사건
- 백제의 의자왕이 무열왕의 딸과 사위를 죽였음
- 나당 연합을 맺어 백제와 고구려를 공격함
- 백제를 멸망시킴

602년	648년	654년	660년	661년
출생	나당 연합 성립	왕위에 오름	백제 멸망	사망

삼국 통일의 기반을 다진 왕

642년, 백제의 의자왕이 신라의 대야성을 공격했을 때 김춘추에게 가슴 아픈 사건이 벌어졌어요. 대야성을 정복한 의자왕이 김춘추의 딸과 김춘추의 사위이자 대야성의 성주인 품석을 죽인 것이지요. 딸을 몹시 사랑했던 김춘추는 반드시 백제를 무너뜨리겠다고 결심했어요.

선덕 여왕 말기, 신라가 나라 안팎으로 큰 위기를 맞자 그동안 조용히 지냈던 김춘추는 힘을 발휘하기 시작했어요. 김춘추는 선덕 여왕을 도우며 권력을 가지게 되었고, 마침내 진덕 여왕의 뒤를 이어 신라 제29대 무열왕이 되었어요.

무열왕은 훗날 이뤄질 삼국 통일의 중요한 기틀을 다졌답니다.

🙍 '김춘추=무열왕' 맞죠?

🙎 맞아. 참고로 무열왕은 진골 출신이란다. 원래 성골 출신만 왕이 될 수 있었지만 무열왕 때부터 진골 출신도 왕이 되었어.

🙍 성골인 진덕 여왕에게 아들이 없었군요.

도움을 받자! 고구려로, 당나라로!

의자왕이 대야성을 공격할 때, 김춘추는 위기를 벗어나기 위해 고구려의 연개소문을 찾아갔어요. 김춘추가 신라에 지원병을 보내달라고 요청하자 연개소문은 조건을 내걸었어요.

"원래 고구려 땅이었던 한강 유역을 돌려주시오. 그러면 지원병을 보내 주겠소!"

김춘추는 그러겠다고 약속한 뒤 고구려를 빠져나왔어요. 그리고 곧장 당나라 태종을 찾아갔어요. 김춘추는 태종에게 나당 연합을 맺어 고구려와 백제를 함께 공격하자고 제안했어요. 그렇지 않아도 고구려가 눈엣가시였던 태종은 김춘추의 제안을 흔쾌히 받아들였지요.

🙎 당시 김춘추는 당나라가 고구려와 백제를 모두 정복하면 대동강 북쪽 땅을 모두 넘기겠다고 약속했다지 뭐니.

🙍 만약 그 약속이 없었더라면 지금쯤 우리나라 영토는……!

20년 만의 복수, 백제 정복

🗨️ 원수를 갚기 위해 이토록 오랫동안 준비하다니.

🗨️ 무섭고도 치밀한 사람인 게 분명해!

🗨️ 근데 김유신은 어떤 장군이었을까? 선덕 여왕, 무열왕에 모두 등장했는데.

무열왕은 율령의 중요성을 강조하면서 모든 것을 율령에 따라 처리했어요. 나라의 모든 일이 법에 따라 처리되면서 권력은 자연스럽게 왕 중심으로 모였지요.

나라가 안정되자 무열왕은 그동안 벼르던 백제 정복을 준비했어요. 660년, 무열왕은 백제로 신라군을 출동시켰어요. 그 시각 당나라군도 배를 타고 백제의 서쪽을 공격하기 시작했지요. 신라의 김유신 장군과 백제의 계백 장군을 중심으로 벌어진 황산벌 전투는 결국 신라의 승리로 끝났고 백제는 멸망하고 말았어요. 무열왕은 20년 만에 백제에 복수를 하는 데 성공했지요.

무열왕의 백제 정복은 몇 년 후에 있을 고구려 정복에 중요한 밑거름이 되었답니다.

스타 실록

🏠 홈 | 속보 | 정치 | 사회 | 생활/문화

삼국 통일에 앞장선 영웅 김유신

김유신(595~673)은 가야 왕족 출신으로 신라의 삼국 통일에 가장 큰 공을 세운 장군이다. 어머니는 신라 왕족 출신이지만 아버지 쪽이 멸망한 나라 가야 출신이라는 것이 김유신에게는 큰 약점이었다. 김유신은 신라 제26대 진평왕 때부터 화랑으로 활동하며 전쟁터에서 많은 공을 세웠다.

김유신은 김춘추와 각별한 사이였다. 김유신과 김춘추는 비담의 난을 진압하며 권력을 갖기 시작했다. 김춘추는 김유신의 동생 문희와 결혼하였고, 두 사람의 관계는 훗날 김춘추가 무열왕이 되어 신라를 다스리는 데 큰 힘이 되었다. 무열왕이 왕위에 오른 후, 김유신은 신라 최고 권력자인 '대각간'이 되어 백제와 고구려 정복에 앞장섰다.

660년, 김유신은 당나라군과 함께 백제를 공격했다. 이때 김유신은 황산벌에서 백제의 계백 장군과 전투를 벌여 백제를 멸망시켰다. 무열왕은 고구려의 멸망을 보지 못하고 세상을 떠났지만, 김유신은 고구려의 멸망까지 지켜보았다. 668년, 신라 제30대 왕 문무왕은 김유신을 총사령관으로 임명하였다. 총사령관이 됐을 당시 김유신은 일흔네 살이었다. 김유신은 고구려를 무너뜨리기 위해 전쟁터로 출격하는 문무왕을 대신하여 수도를 지켰다.

한편 당나라는 나당 연합을 맺고 신라를 도와주는 척했지만 사실은 한반도 전체를 당나라의 속국으로 만들고 싶어 했다. 당나라는 백제를 멸망시킨 이후 김유신을 이용해 신라 지배층을 분열시키려고 했다. 당나라는 김유신에게 백제 지역을 주겠다며 회유했지만 김유신은 꿈쩍도 하지 않았다.

고구려 멸망 이후 신라와 당나라의 긴 싸움이 이어졌다. 김유신은 안타깝게도 한반도에서 당나라군을 완전히 몰아내는 것은 보지 못하고 세상을 떠났다.

(충신) 있을 때 잘해, 후회하지 말고♪

의자왕은 백제의 제31대 왕이 되자마자 영토 확장과 왕권 강화에 집중했어요.

나라가 안정되자 의자왕은 나라를 다스리지 않고 사치스러운 생활을 시작했어요. 게다가 계백 장군 같은 충신들은 멀리하고 간신들과 가까이 지냈지요. 백제는 점점 기울어 갔어요. 나당 연합군이 백제를 공격해 왔을 때도 의자왕 곁에는 입에 발린 소리만 하는 간신들밖에 남아 있지 않았어요.

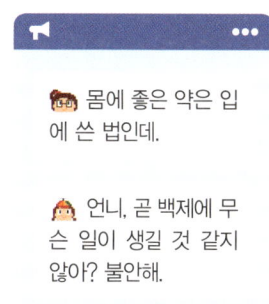

바람 앞의 등불과 같은 백제

나당 연합군이 백제에 쳐들어오던 날도 의자왕은 평소처럼 잔치를 벌이고 있었어요. 신라군이 백제 변방에 나타났다는 소식을 들어도 신경 쓰지 않았어요. 왜냐하면 대부분의 전투에서 백제가 손쉽게 신라를 이겨 왔기 때문이었지요.

며칠 후, 이번에는 당나라군이 백제에 쳐들어왔어요. 의자왕은 그제야 상황의 심각함을 알았어요.

의자왕은 당장 계백 장군을 불러들였어요. 계백 장군은 백제의 이름난 장군으로 백제에 충성을 다하는 사람이었어요. 의자왕은 계백에게 5천 명의 군사를 내어 주며 김유신과 신라군을 막으라고 명령했어요. 계백은 알겠다고 했지만 신라와의 싸움이 쉽지 않으리란 것을 예상하고 있었지요. 당시 신라 장군 김유신은 백제군의 열 배나 되는 5만 명의 군사를 이끌고 백제의 수도 사비성(지금의 부여 지역)으로 진격 중이었어요.

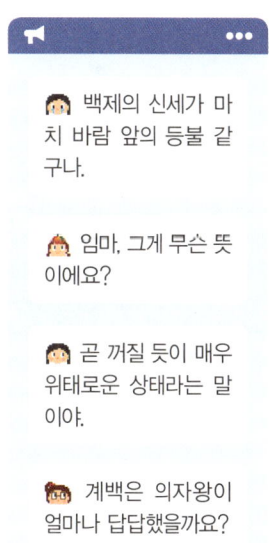

포로로 잡힐 바에는 차라리 죽음을!

계백은 전쟁터로 나가기 전, 집으로 가서 가족들의 얼굴을 찬찬히 보며 비장하게 말했어요.

🙂 윽, 꼭 그렇게까지 했어야 하나?

🙂 더 이상 물러설 수 없다는 마음이 아니었을까?

🙂 그렇겠죠? 그래도 저는 이해하기 힘든 것 같아요.

"신라군과 당나라군이 쳐들어오니 앞으로 나라의 미래를 알 수 없다. 적에게 붙잡혀 노비가 되느니 차라리 내 손으로 그대들의 목숨을 거두리라."

계백은 패배한 나라의 장군 가족이 어떤 취급을 받을지 잘 알고 있었어요. 결국 계백은 부인과 자식들을 죽이고 전쟁터로 향했답니다.

스타 실록

백제의 마지막 왕
의자왕

의자왕(?~660)은 백제 제31대 왕이자 백제의 마지막 왕이다. 술과 여자를 좋아한 왕으로 알려져 있다.

의자왕은 재위 초기에 신라 성 수십 개를 정복했다. 그리고 신라를 제외한 고구려, 당나라, 왜 등과 좋은 관계를 만들었다. 하지만 나라가 안정되어 가자 의자왕의 태도가 바뀌기 시작했다. 의자왕은 자신에게 위협이 된다고 생각되는 충신들을 감옥에 가두고 간신들과 가까이 지냈다. 또 40여 명의 자식들에게 땅을 나누어 주고 호화로운 궁궐을 짓는 등 사치스러운 생활을 이어갔다.

그러는 사이 신라와 당나라는 나당 연합을 맺어 백제를 공격했다. 동쪽에서는 신라가, 바다 쪽에서는 당나라가 백제를 쳐들어왔다. 그제야 의자왕은 계백 장군을 전쟁터로 보냈다. 하지만 황산벌 전투에서 계백 장군이 죽으며 신라의 공격을 막지 못했고, 결국 백제는 나당 연합군에게 수도 사비성을 빼앗기고 멸망했다. 의자왕은 태자와 함께 당나라로 끌려가 남은 생을 보냈다.

백제와 나의 마지막: 황산벌 전투

황산벌(지금의 논산 지역)에서 백제군과 신라군의 전투가 시작됐어요. 당연히 밀릴 거라고 생각했던 백제군은 황산벌 전투에서 총 네 번이나 승리를 거두었어요. 죽을힘을 다해 달려드는 계백과 백제군을 신라군이 당해 내지 못한 것이지요.

이때 신라의 화랑 관창이 두 번이나 백제군을 향해 돌진했어요. 계백은 처음에는 관창을 돌려보냈지만 두 번째에는 관창을 죽이고, 말에 관창의 머리를 매달아 신라군 쪽으로 보냈어요.

관창의 죽음을 본 신라군은 분노하여 목숨을 걸고 싸우기 시작했어요. 전세는 금방 신라 쪽으로 기울었고, 결국 황산벌 전투는 신라의 승리로 끝났어요.

계백 장군도 황산벌에서 숨을 거두고 말았답니다.

> 그리고 얼마 안 가, 백제는 수도 사비성을 빼앗기면서 멸망하고 말았단다.
>
> 의자왕이 조금만 더 빨리 정신을 차렸더라면!

스타 실록

황산벌 전투를 승리로 이끈 화랑
관창

관창(645~660)은 신라의 화랑으로 열다섯 살 어린 나이에 황산벌 전투에 참가했다. 황산벌 전투에서 신라군은 선뜻 백제군 앞에 나서지 못했다. 백제군에게 네 차례나 패배했던 터라 전투에서 이길 자신이 없었던 것이다. 그 상황이 답답했던 관창은 말을 타고 백제군을 향해 돌진했다. 계백은 적군으로 들어온 관창을 잡았다. 하지만 관창이 어린 화랑인 것을 알고 신라 쪽으로 돌려보냈다. 하지만 관창은 다시 한번 백제군을 향해 돌진했다. 그리고 계백에게 자신을 죽여 보라며 소리쳤다. 계백은 자신이 풀어 주었는데도 다시 돌진해 온 관창에게 화가 나, 관창의 목을 베어 버렸다. 그리고 말에 관창의 목을 매달아 신라군에게 보냈다. 관창의 죽음을 본 신라군은 분노하여 백제군을 공격했다.

황산벌에서 마지막 전투가 있던 날, 신라군은 나라를 위해 목숨을 바친 관창을 생각하며 죽을힘을 다해 싸웠다. 마침내 계백과 5천 명의 백제군이 무너졌고, 신라가 승리했다.

❹ 삼국 통일의 승리자와 패배자

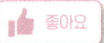 좋아요　 팔로우　 공유　 저장

고구려 장군
연개소문 ⌄

연관 검색어 ❓
영류왕　보장왕　당나라　태종　대막리지
천리장성　안시성　연정토　남생

업적
- 당나라의 공격을 여러 차례 물리침
- 천리장성을 쌓음

주요 사건
- 영류왕을 죽이고 스스로 대막리지 자리에 오름
- 보장왕을 고구려 제28대 왕으로 세움
- 동생과 큰 아들이 고구려를 배신함

????	631년	642년	647년	666년
출생	영류왕의 친당 정책 비판	영류왕 살해 후 대막리지에 오름	천리장성 완성	사망

세상의 중심에서 고구려를 외치다

수나라에 이어 당나라가 중국을 통일하면서 당나라 황제 태종은 주변 나라들을 하나씩 정복해 갔어요. 하지만 태종도 연개소문이 지키고 있던 고구려는 굴복시키지 못했지요.

연개소문은 당나라와 맞서 싸워 당나라를 물리쳐야 한다고 주장했어요. 반면 고구려 제27대 왕 영류왕은 힘이 센 당나라에 빨리 항복하여 편하게 사는 것이 낫다고 주장했지요. 연개소문은 영류왕의 생각이 자신과 다르자 반란을 일으켰어요. 그리고 영류왕을 죽이고 보장왕을 새로운 왕으로 세웠지요.

당시 연개소문은 고구려가 세상의 중심이라고 생각했어요. 그래서 어떤 막강한 군대가 공격해 와도 고구려를 지킬 자신이 있었어요.

> 연개소문은 당시 고구려 최고 관직인 '대막리지'였어. 보장왕은 허수아비에 불과했지.
>
> 당나라는 꽤나 골치가 아팠겠네요.
>
> 연개소문은 당나라의 침입을 막아 줄 천리장성도 쌓고 있었단다.

전쟁의 신(feat. 안시성 성주와 백성들)

연개소문의 반란 소식을 들은 당나라 태종은 고구려가 시끄러운 틈을 타, 고구려의 안시성을 공격한 후에 수도 평양성으로 들어갈 계획을 세웠어요.

하지만 안시성 성주 양만춘과 백성들은 5개월이 넘는 긴 시간 동안 당나라로부터 안시성을 지켜 냈어요. 당나라군은 점점 지쳐 갔고, 연개소문은 이때를 노려 당나라군을 공격했어요.

16년 후, 당나라는 다시 고구려를 쳐들어왔어요. 이번에는 안시성뿐만 아니라 직접 바다를 건너 평양성도 공격하려고 했어요. 하지만 바닷길을 통해 보급품을 전달하는 것이 쉽지 않았고, 당나

> 이쯤 되면 연개소문을 전쟁의 신이라고 불러야 할 듯?
>
> 역시 갓개소문!

라 수군이 감당하기엔 고구려 기병 부대가 너무 강했어요. 당나라는 다시 안시성을 먼저 공격하기로 했어요.

당나라군은 안시성 안으로 들어가기 위해 안시성 성벽보다 높은 흙산을 쌓았어요. 하지만 이 사실을 안 연개소문이 물을 이용해 흙산을 무너뜨렸지요. 도저히 안시성 안으로 들어갈 수 없었던 당나라군은 겨울이 다 되도록 이렇다 할 싸움을 벌이지 못했어요. 결국 태종은 철수 명령을 내리고 당나라로 돌아갔답니다.

그 후에도 당나라군은 몇 차례 더 고구려를 공격했지만 연개소문에게 번번이 패하고 말았답니다.

나의 죽음에서 시작된 고구려 멸망

연개소문이 지키고 있던 고구려는 당나라와 신라의 공격을 잘 막아 내고 있었어요.

하지만 666년에 연개소문이 죽자 그의 아들들이 서로 권력을 갖기 위해 싸움을 벌이면서 고구려에 내분이 일어났어요. 그 과정에서 연개소문의 동생 연정토는 신라에, 큰 아들 남생은 당나라에 투항해 버렸어요. 연정토는 고구려 남쪽 성 열두 개를 신라에 바쳤고, 남생은 자신을 따르는 사람들과 함께 당나라로 갔지요. 연개소문이 목숨을 다해 지켰던 고구려가 엉망이 되기 시작한 건 바로 이때부터였어요.

668년, 결국 고구려는 나당 연합군에 의해 멸망하고 말았답니다.

고구려가 멸망하자 고구려 유민들은 당나라에 노예로 끌려가기도 하고, 신라로 도망치기도 했어요.

😤 연개소문이 그토록 어렵게 지킨 고구려를 버리고 다른 나라로 가 버리다니…….

😠 연개소문이 지하에서 벌떡 일어나 통곡하겠네!

😟 연개소문에게 대막리지 자리를 물려받은 남생은 동생들에게 배신을 당한 후, 당나라로 간 거란다.

스타 실록

홈 | 속보 | 정치 | 사회 | 생활/문화

백제와 고구려 부흥 운동의 주역들

백제 부흥 운동의 주역 흑치상지, 복신, 도침

 백제가 나당 연합군에 힘없이 무너진 뒤, 곳곳에서 백제를 되찾기 위한 부흥 운동이 벌어졌다.
 백제의 관리였던 흑치상지(?~689)는 임존성을 근거지로 삼고 3만 명이 넘는 백제 군사들을 모아 당나라군을 공격했다. 왕족인 복신(?~663)과 승려 도침(?~661)은 의자왕의 아들 풍을 왕으로 세워 백제 유민을 모으고 백제 땅에 머무르고 있던 나당 연합군을 공격했다. 하지만 백제 부흥군은 패배하였고, 복신이 도침을 배신하는 내분이 발생하여 자연스레 힘이 약해졌다. 200개가 넘는 성을 되찾으며 임존성에서 끝까지 버티던 흑치상지도 결국 당나라군에 항복하고 말았다. 그 후 흑치상지는 당나라로 넘어가 장군이 되었다.

고구려 부흥 운동의 주역 검모잠, 안승

 고구려는 멸망 후 당나라의 지배를 받았다. 당나라는 고구려인들이 반란을 일으킬 것을 걱정하여 고구려 유민들을 당나라 영주 지역으로 강제로 이주시키기 시작했다. 고구려 유민들은 당나라로 끌려가지 않기 위해 반드시 고구려를 되찾아야만 했다.
 고구려 관리였던 검모잠(?~670)은 한성이라는 곳에 터를 잡고 안승(?~?)을 왕으로 세웠다. 안승은 연개소문의 동생 연정토의 아들이었다. 검모잠은 안승과 함께 옛 고구려를 되찾을 부흥 운동을 일으켰다.
 그러나 검모잠과 안승 사이에 갈등이 생겼다. 안승은 신라의 보호 속에 부흥군의 왕이 되었지만 오래 가지 못했다. 결국 부흥군은 점차 약해졌고, 부흥군을 이끌던 세력들은 신라로 넘어가 신라 귀족 또는 신라군이 되었다.

❹ 삼국 통일의 승리자와 패배자

좋아요 팔로우 공유 저장

신라 제30대 왕
문무왕 ⌄

연관 검색어 ?

무열왕   나당 연합   계림도독부   삼국 통일
감은사   대왕암   신문왕

업적
- 삼국을 통일함

주요 사건
- 고구려의 보장왕에게 항복을 받아 냄
- 한반도에 자리 잡고 있던 당나라군을 물리침
- 불교의 힘으로 왜구를 물리치려고 함
- 죽어서도 신라를 지키기 위해 동해에 묻힘

626년	661년	668년	676년	681년
출생	왕위에 오름	고구려 멸망	당나라군 물리친 후 삼국 통일 이룸	사망

칼을 품고 버티다

무열왕의 뒤를 이어 신라 제30대 왕이 된 문무왕은 무열왕과 김유신의 여동생 문희 사이에서 태어난 첫째 아들이에요. 문무왕은 어렸을 때부터 전쟁터를 누빈 명장이자 지략가였지요.

문무왕은 당나라가 나당 연합을 맺을 때 한 약속을 순순히 지키지 않을 것이란 걸 알고 있었어요. 하지만 일부러 모르는 척했어요. 왜냐하면 그 당시엔 연개소문이 고구려에 버티고 있을 때라 나당 연합이 필요했거든요.

연개소문이 죽고 고구려에 내분이 일어나자 나당 연합군은 고구려를 공격했어요. 결과는 대승리였어요. 문무왕은 고구려의 보장왕에게 항복을 받아 내고 고구려를 멸망시켰어요.

백제에 이어 고구려까지 정복하자, 문무왕은 당나라와의 마지막 전쟁을 준비하기 시작했어요.

> 드디어 삼국 통일이 이뤄진 건가?
>
> 글쎄. 아직 당나라군이 백제와 고구려 땅에 있으니 조금 더 지켜봐야겠지?
>
> 과연 어떤 나라가 한반도를 차지하게 될 것인가! 두둥!

야심을 드러낸 당나라

나당 연합을 맺을 때 무열왕은 당나라에 대동강 북쪽 땅을 주기로 약속했어요. 하지만 당나라는 대동강 북쪽 땅뿐만 아니라 고구려, 백제, 신라의 땅을 모두 차지하고 싶었지요.

나당 연합이 백제와 고구려를 물리친 뒤, 당나라는 백제에 웅진 도독부를, 고구려에 안동 도독부를 세웠어요. 도독부는 당나라가 자신들이 정복한 나라에 세우는 당나라 기관이에요.

심지어 당나라는 신라에도 계림도독부를 세우고, 문무왕을 계림도독부를 담당하는 '계림도독'으로 임명하기까지 했어요.

> 이래서 열 길 물속은 알아도 한 길 사람 속은 모른다는 말이 있는 거구나.
>
> 문무왕은 눈치가 100점이네!

마침내 이룬 삼국★통일

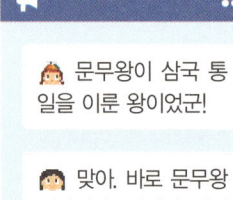

👧 문무왕이 삼국 통일을 이룬 왕이었군!

👩 맞아. 바로 문무왕이었단다. 하지만 전쟁 과정에서 고구려 땅이었던 대동강 북쪽 땅 대부분은 당나라에게 빼앗겼어.

👧 헉! 그래도 삼국 통일을 이뤘으니……

문무왕은 우선 백제와 고구려 땅에 자리 잡은 당나라군을 쫓아내기로 했어요. 문무왕은 백제에 있던 당나라군을 물리친 후, 백제를 신라의 지방 통치 구역인 소부리주로 만들었어요.

당시 고구려에서는 고구려 부흥 운동이 일어나고 있었어요. 문무왕은 고구려 부흥군이 당나라에 맞설 수 있도록 은밀히 도와주며 당나라가 신라에 쳐들어올 것을 대비했어요. 얼마 후, 당나라군이 거란족과 말갈족을 이끌고 신라로 쳐들어왔어요. 문무왕은 고구려 부흥군과 힘을 합쳐 당나라와 싸웠어요. 그리고 676년, 20만 명의 당나라군을 물리치는 데 성공했어요.

마침내 문무왕은 진정한 삼국 통일을 이루었어요. 한반도에는 고조선 이후 처음으로 통일 국가가 세워졌답니다.

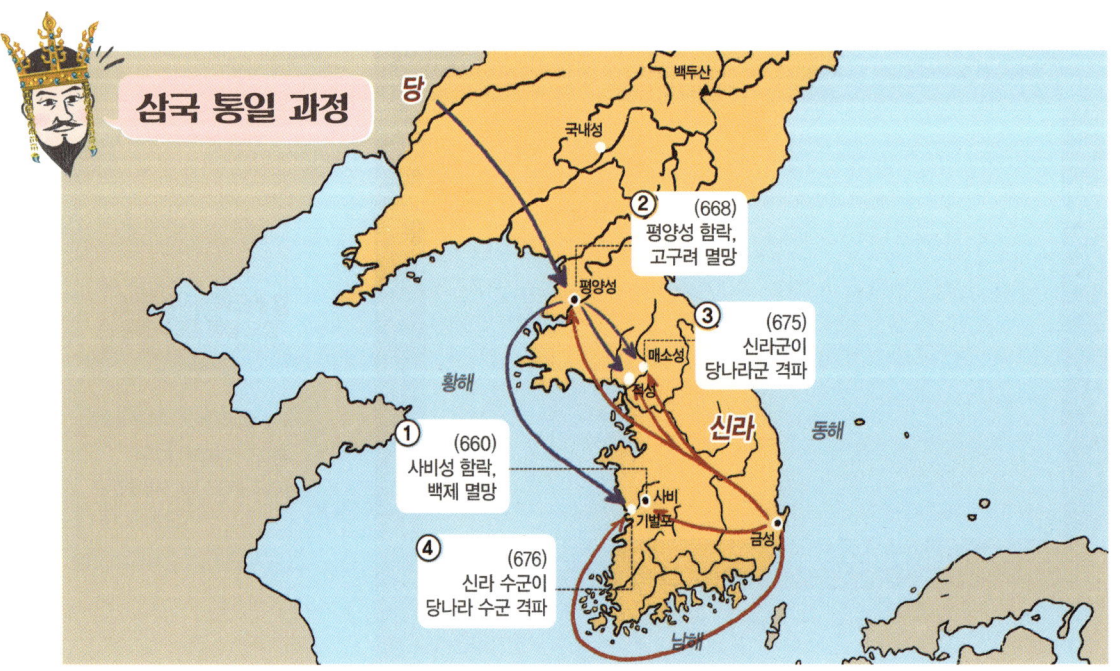

삼국 통일 과정

죽어서도 신라를 지키리라

옛날부터 왜는 거리상 가장 가까운 신라를 자주 괴롭혔어요. 가뭄이 들거나 먹을 것이 부족할 때면 신라 해안가로 넘어와 사람들을 해치거나 재물을 빼앗았죠. 점점 왜구(왜의 해적)에게 피해를 입는 백성들이 많아지자, 문무왕은 부처의 힘으로 막아 보자며 신하들에게 동해 언덕에 절을 세우라고 명령했어요.

이 절은 문무왕의 아들인 신문왕 재위 시절에 완성되었고, 신문왕은 아버지의 은혜에 감사한다는 뜻에서 절 이름을 '감은사'라고 지었어요.

문무왕은 세상을 떠나는 마지막 순간까지 왜의 공격을 걱정하며 자신을 동해에 묻어달라고 부탁했어요. 죽어서도 바다에 남아 신라를 지키겠다는 뜻이었지요.

🙆 신라 사람들은 문무왕의 수중 왕릉 바위를 '대왕암'이라고 불렀대.

🙈 이렇게까지 신라를 생각하다니. 정말 감동이야!

5
삼국 통일의 주역 신라인과 고구려의 후예 발해인

- 676년   신라, 삼국 통일
- 681년   김흠돌의 난
- 698년   발해 건국
- 732년   발해, 당나라의 산둥 지방 공격
- 926년   발해 멸망

마지막까지 싸운 신라와 발해

　신라가 삼국을 통일하고 한반도에 평화가 찾아왔어요. 그러나 당나라가 차지했던 고구려 땅에 대조영이 고구려 유민들을 모아 새로운 나라 발해를 건국하면서 한반도에 새로운 바람이 불기 시작했지요. 발해는 대동강 북쪽 땅에서 만주와 연해주까지 넓은 영토를 갖추었어요. 신라와 발해는 틈만 나면 전쟁을 벌였답니다. 과연 한반도에는 언제쯤 평화가 찾아올까요?

❺ 삼국 통일의 주역 신라인과 고구려의 후예 발해인

👍 좋아요   📡 팔로우   ↪ 공유   🔖 저장

신라 제31대 왕
신문왕 ⌄

연관 검색어 ❓

문무왕   귀족   김흠돌   국학   관료전
9주 5소경   9서당 10정   만파식적

업 적

- 지방 행정 조직을 9주 5소경으로 정비함
- 군사 제도 9서당 10정을 만듦
- 국학을 세움
- 관료제를 지급하고 녹읍을 폐지함

주 요 사 건

- 김흠돌의 난을 제압함
- 만파식적을 불었다고 전해짐

????	681년	682년	687년	692년
출생	왕위에 오름	국학 설립	관료전 지급	사망

귀족 눈치를 보던 왕 ➡ 귀족을 잡다!

무열왕과 문무왕이 신라를 다스리던 시절, 전쟁으로 공을 세운 귀족들이 많아졌어요. 그리하여 문무왕의 첫째 아들로 신라 제31대 왕이 된 신문왕은 귀족과의 전쟁을 치러야만 했어요. 힘이 커진 귀족들이 왕을 마음대로 휘두르려고 했거든요.

신문왕은 왕위에 오르자마자 위기를 맞았어요. 귀족들이 왕위를 노리고 반란을 일으킨 거예요. 반란을 일으킨 사람은 다름 아닌 신문왕의 장인 김흠돌이었어요. 신문왕은 재빠르게 반란을 제압했어요. 그리고 김흠돌을 비롯한 반란에 참여한 귀족들과 관련 인물들을 모두 사형시켰어요.

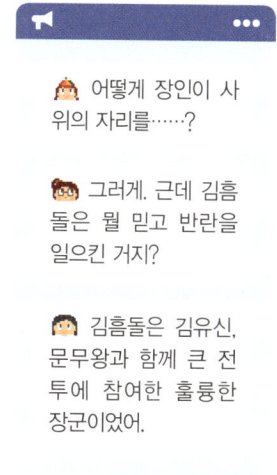

어떻게 장인이 사위의 자리를……?

그러게. 근데 김흠돌은 뭘 믿고 반란을 일으킨 거지?

김흠돌은 김유신, 문무왕과 함께 큰 전투에 참여한 훌륭한 장군이었어.

NEW 왕 직속 부대를 만들다

신문왕은 귀족들이 왕의 권위에 도전할 수 없도록 귀족 세력을 약하게 만들 계획을 세웠어요.

신문왕은 신라가 삼국을 통일하면서 '새롭게 신라인이 된 사람들'을 적극적으로 활용했어요. 새로 신라인이 된 고구려, 백제, 말갈인들로 군대를 만들었지요.

황금서당은 고구려인들로만 이루어진 군대, 백금서당은 백제인들로만 이루어진 군대, 흑금서당은 말갈인들로만 이루어진 군대였어요. 이 세 개의 군대는 신라 귀족과 상관없이 신문왕이 직접 관리하는 왕 직속 부대였어요.

새로운 군대를 만들자 신문왕의 바람대로 왕권이 강화되고 나라가 안정되었답니다.

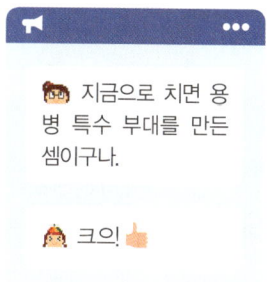

지금으로 치면 용병 특수 부대를 만든 셈이구나.

크의! 👍

인사권도, 재산권도 왕이 직접

문무왕은 왕에게 충성할 관리를 뽑기 위해 6두품 이하에서도 인재를 뽑아 관리로 등용시켰어요. 신문왕은 아버지 문무왕의 정책을 이어받아 새로운 인재를 키울 교육 기관인 국학을 세웠어요. 국학에서 왕의 사람을 키우려고 한 것이지요.

신문왕은 녹읍을 폐지하기도 했어요. 당시 신라는 관리를 맡고 있던 귀족에게 녹읍(관리에게 일한 대가로 주는 땅)을 나누어 주었어요. 귀족들은 녹읍으로 받은 땅에 농사짓는 백성들에 대한 노동력 지배권까지 인정받아 호의호식을 누렸지요. 이에 신문왕은 땅에 대한 세금만 거둘 수 있는 관료전을 지급한 다음 녹읍을 폐지했어요. 귀족들의 경제 기반을 약화시킨 것이지요.

🔊 그 전까지 관리들은 녹읍으로 받은 땅의 세금과 공물, 노동력 등을 마음대로 쓸 수 있었어.

🧑 그런 걸 없앴으면 귀족들의 반란이 엄청 났겠는데요?

🔊 맞아. 하지만 신문왕은 물러서지 않았지.

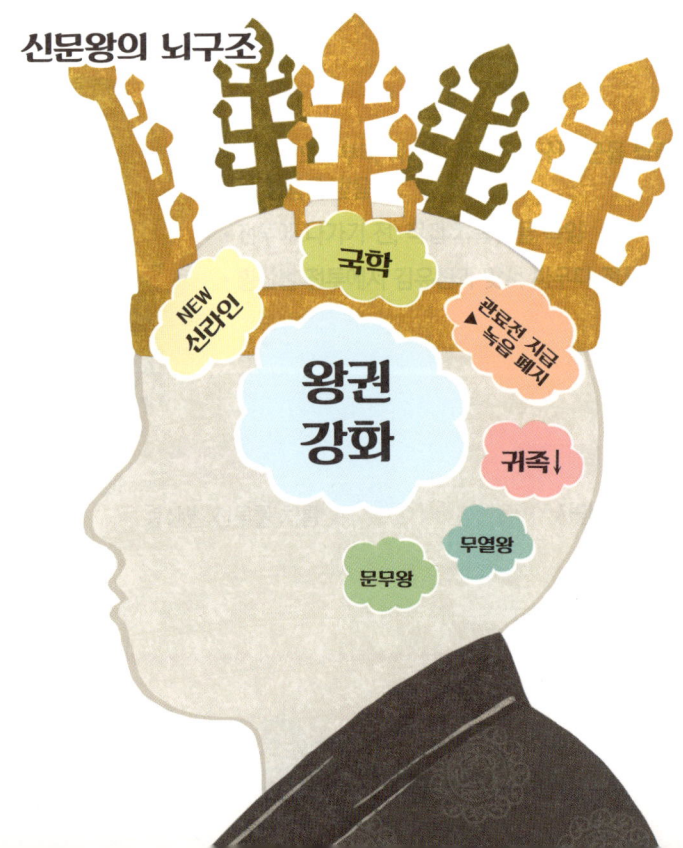

세상의 근심을 잊게 할 만파식적

신문왕 재위 시절 신라는 끊임없는 반란으로 나라가 혼란스러웠어요. 그러던 어느 날 신문왕은 신라를 지켜 줄 신기한 물건이 동해로 오고 있다는 소식을 들었어요. 신문왕이 동해에 나가 보니 거북 머리 모양을 한 산에 대나무 한 대가 서 있었어요. 때마침 동해에는 거센 비바람이 계속 몰아치고 있었지요.

그날 밤 신문왕은 이상한 꿈을 꾸었어요. 용으로 변한 문무왕이 꿈에 나타나 '대나무를 잘라 피리를 만들어 불면 세상이 평안해질 것이다.'라고 말한 거예요. 다음날 신문왕이 대나무로 피리를 만들어 불자 일주일 내내 몰아치던 거센 비바람이 순식간에 그쳤어요. 사람들은 이 피리를 '만파식적'이라고 불렀어요.

> 🐵 당시 신라는 귀족뿐만 아니라 고구려, 백제인들 때문에도 정신이 없었대. 모두 다른 나라에서 온 사람들이니 하나로 모으기 어려웠지.

> 👧 만파식적 하나로 모든 혼란과 어려운 일들이 해★결!

스타 실록

사위에게 반기를 든 장인
김흠돌

김흠돌(?~681)은 신라 장군이다. 문무왕 재위 시절 큰 전투에 참여하며 이름을 알렸다. 김흠돌은 백제 부흥군의 반란을 진압하고 고구려와의 전쟁에 여러 번 참전하였다. 많은 공을 세운 김흠돌은 당시 신라에서 권력 3위였던 벼슬 '소판'까지 올랐다.

김흠돌은 신문왕의 장인이기도 했다. 김흠돌은 신문왕이 태자일 때 자신의 딸을 신문왕에게 시집보냈다. 하지만 신문왕과 김흠돌의 딸은 아들을 낳지 못했다.

김흠돌은 681년, 신문왕이 왕위에 오른 지 얼마 되지 않았을 때 귀족 흥원, 진공 등과 역모를 도모하였다.

김흠돌이 귀족들과 반란을 도모한 정확한 이유는 알려지지 않았지만, 권력을 두고 신문왕과 갈등이 있었던 것으로 추측하고 있다.

'김흠돌의 난'은 신문왕의 제압으로 끝이 났고, 김흠돌은 사위인 신문왕의 손에 죽었다. 이 사건으로 신문왕과 결혼했던 김흠돌의 딸도 궁에서 쫓겨났다.

이후 신문왕은 '김흠돌의 난' 같은 일이 일어나지 않도록 일부러 세력이 약한 집안의 딸과 결혼했다. 모두 왕권 강화를 위해서였다.

당나라 영주를 탈출하다

당나라와 신라의 전쟁이 끝난 후, 당나라는 대동강 북쪽 땅을 차지했어요. 당나라는 고구려 유민 세력을 약하게 만들기 위해 고구려 유민들을 강제로 당나라 영주 지역으로 보내 버렸어요.

당나라 관리는 영주 지역에서 살고 있는 고구려인과 거란족을 못살게 굴었어요. 696년, 불만이 쌓인 거란족이 영주 성주를 죽였어요. 그리고 그 혼란을 틈타 고구려의 무신이었던 걸걸중상과 그의 아들 대조영, 말갈족 족장 걸사비우가 고구려 유민들과 말갈족을 이끌고 영주 지방을 탈출했어요.

당시 당나라의 실세였던 측천무후는 걸걸중상에게 관직을 주겠다고 하며 그를 회유하려고 했어요. 하지만 걸걸중상은 꿈쩍도 하지 않았지요. 화가 난 측천무후는 군대를 보내 걸걸중상과 대조영의 뒤를 쫓고 고구려인들을 공격했답니다.

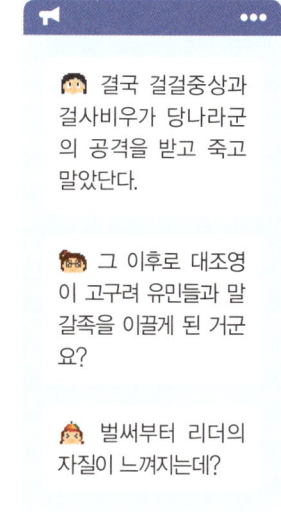

결국 걸걸중상과 걸사비우가 당나라군의 공격을 받고 죽고 말았단다.

그 이후로 대조영이 고구려 유민들과 말갈족을 이끌게 된 거군요?

벌써부터 리더의 자질이 느껴지는데?

나의 비법은 천문령 매복전!

측천무후는 공격을 멈추지 않았어요. 사람들을 이끌고 동쪽으로 이동하던 대조영은 당나라군과 천문령에서 마지막 전투 계획을 세웠어요. 천문령은 험한 골짜기로 양쪽에서 동시에 공격하면 도망갈 곳이 없는 지역이었지요.

대조영은 골짜기 곳곳에 군사들을 매복시킨 뒤, 수십만 명에 달하는 당나라군을 천문령 안쪽으로 유인했어요. 대조영의 예상대로 당나라군은 천문령 골짜기에 꼼짝없이 갇혔고, 대조영과 군사들의 공격에 그대로 전멸하고 말았답니다.

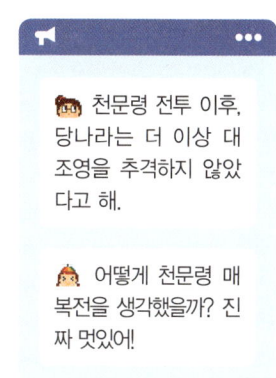

천문령 전투 이후, 당나라는 더 이상 대조영을 추격하지 않았다고 해.

어떻게 천문령 매복전을 생각했을까? 진짜 멋있어!

흩어진 고구려의 힘을 모아 in 동모산

당나라군을 따돌린 대조영은 옛 고구려 땅인 동모산에 자리를 잡았어요. 고구려 유민들이 모여 사는 곳이 있다는 소식이 전해지자, 고구려 멸망 후 여기저기 흩어져 있던 고구려 유민들이 동모산으로 모여들기 시작했어요.

698년, 대조영은 동모산에 고구려를 계승한 나라 발해를 세웠어요. 발해는 고구려 유민들과 말갈족으로 이루어져 있었고, 대동강 북쪽 땅에서 만주와 연해주까지 넓은 영토를 다스렸답니다.

발해의 건국으로 남쪽에는 신라, 북쪽에는 발해가 있는 남북국 형세가 이루어졌어요.

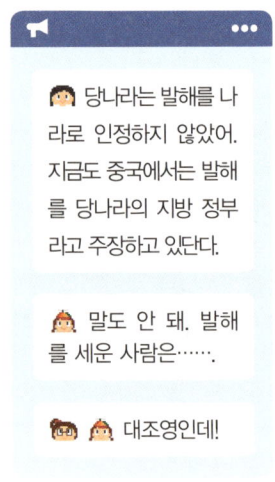

당나라는 발해를 나라로 인정하지 않았어. 지금도 중국에서는 발해를 당나라의 지방 정부라고 주장하고 있단다.

말도 안 돼. 발해를 세운 사람은······.

대조영인데!

스타 실록

당나라와 좋은 관계를
만든 발해 제2대 왕

무왕

무왕(?~737)은 대조영의 아들로 이름은 대무예다. 발해 제2대 왕이 된 무왕은 발해의 영토 확장에 힘썼다. 무왕은 말갈족과 거란족의 유목 부족과 작은 나라들을 정복하여 영토를 넓혔다.

얼마 지나지 않아 무왕은 옛 고구려 영토 대부분을 되찾을 수 있었다. 하지만 당나라는 여전히 발해를 나라로 인정하지 않았다. 틈만 나면 흑수말갈과 연합하여 발해를 공격하려고 했다. 그러나 무왕은 꿈쩍도 하지 않고 강하게 나갔다.

그러던 중 발해와 한편이 되어 당나라와 싸우던 거란이 당나라에 흡수되었다. 무왕은 지금처럼 당나라와 안 좋은 관계를 이어 가면 발해도 위험할 수 있겠다는 생각을 했다. 무왕은 당나라 포로들을 당나라로 돌려보내며 화해를 요청했다. 달라진 무왕의 태도에 당나라도 포로로 잡고 있던 발해 사신들을 풀어 주었다. 무왕의 탁월한 외교 정책으로 발해와 당나라는 오랜 갈등을 뒤로 하고 화해를 했고 좋은 관계를 만들어 갔다.

이밖에도 무왕은 일본과 외교 관계를 맺어 적극적으로 문물을 교환하였다.

스타 실록

나라의 체제를 정비한
발해 제3대 왕

문왕

문왕(?~793)은 대조영의 손자이자 무왕의 아들로 이름은 대흠무다.

발해는 문왕 때에 이르러서야 나라의 기틀을 어느 정도 완성하였다. 문왕은 발해의 문화와 정치를 발전시키는 데 집중했고 나라를 안정시키기 위해 관리 체제를 연구하였다. 그리하여 문왕은 당나라의 행정 조직과 지방 관리 체제를 분석한 다음 발해의 상황에 맞게 수정하여 적용하였다.

문왕은 당나라와 활발히 교류하며 당나라 문화를 받아들였다. 그리고 단순한 문화 수용을 넘어 발해의 독자적인 문화 구축을 위해서도 노력했다. 문왕은 당나라뿐 아니라 다른 주변 나라와도 친밀한 외교 관계를 다져, 발해의 문화를 동아시아 전역에 떨쳤다.

문왕은 737년부터 793년까지 50년이 넘는 기간 동안 재위했다. 그 기간 동안 문왕은 동모산에서 중경으로, 중경에서 상경으로 수도를 두 번이나 옮겼다. 필요에 따라 여러 번 수도를 옮긴 덕분에 각 수도의 주변 지역들이 고르게 발전하였고, 덩달아 나라도 크게 발전하였다. 상경은 발해 멸망 때까지 계속 수도였다.

문왕은 일본에 보낸 외교 문서에서 스스로를 '고려 국왕'이라고 칭하였다. 발해가 고구려를 계승한 나라임을 널리 알리기 위해서였다.

❺ 삼국 통일의 주역 신라인과 고구려의 후예 발해인

 좋아요　 팔로우　 공유　 저장

신라 승려
원효 ⌄

연관 검색어

불교　당나라 유학　의상　해골　썩은 물
나무아미타불　결혼　요석 공주　설총

업 적
- 불교의 대중화를 앞당김

주 요 사 건
- 당나라 유학을 떠났으나 해골에 담긴 물을 마시고 신라로 되돌아옴
- 사람들에게 '나무아미타불'을 가르치며 불교를 전파함
- 요석 공주와 결혼하여 설총을 낳음

617년	651년	655년	686년
출생	당나라 유학길 도중 귀국	요석 공주와 결혼, 설총 출생	사망

총명하고 똘똘한 아이

원효는 어려서부터 총명하고 기억력이 뛰어나 집안의 기대를 한 몸에 받았어요. 그러던 어느 날 원효에게 아주 큰 사건이 일어났어요. 어머니가 갑자기 세상을 떠난 것이지요. 어머니의 죽음을 눈앞에서 본 원효는 사람이 죽고 사는 것에 대하여 깊이 생각하게 되었어요.

그러고는 열여덟 살이 되던 해에 승려가 되기로 결심했지요.

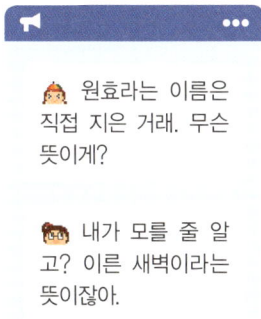

원효라는 이름은 직접 지은 거래. 무슨 뜻이게?

내가 모를 줄 알고? 이른 새벽이라는 뜻이잖아.

해골에 담긴 물이 맛있는 이유는?

이차돈의 순교로 신라는 불교를 공인했어요. 이후 신라는 당나라와 교류가 활발해져 많은 사람들이 당나라로 유학을 갔지요. 원효 역시 함께 공부하던 의상과 당나라 유학을 떠났어요.

원효와 의상은 당나라로 가는 길에 한 동굴에서 잠을 청했어요. 자다가 목이 말라 중간에 깬 원효는 주변에 있던 바가지에 담긴 물을 벌커벌커 들이켰어요.

아침에 눈을 뜬 원효는 깜짝 놀랐어요. 머리맡에 썩은 물이 고여 있는 해골 하나가 놓여 있었거든요. 원효는 지난밤에 자신이 마신 물이 무엇인지 깨닫고 구역질을 했어요. 그러다 문득 이런 생각을 했지요.

'어제 내가 마신 물은 정말 달콤했는데, 왜 오늘은 물맛이 다르다고 생각될까? 어제와 오늘 바뀐 것은 오직 나의 마음뿐이다. 진리는 결국 내 마음속에 있는 것이구나!'

깨달음을 얻은 원효는 발길을 돌려 신라로 돌아갔어요. 모든

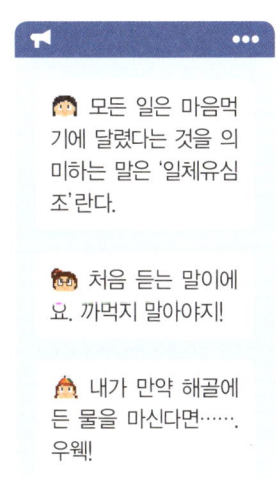

모든 일은 마음먹기에 달렸다는 것을 의미하는 말은 '일체유심조'란다.

처음 듣는 말이에요. 까먹지 말아야지!

내가 만약 해골에 든 물을 마신다면……. 우웩!

것은 마음먹기에 달렸으니, 불교의 진리를 얻기 위해 굳이 당나라로 유학 갈 필요가 없다고 생각한 것이지요.

깨달은 것을 널리 알려야 해!

원효는 신라로 돌아와 자신이 깨달은 것을 널리 알렸어요. 부처에게로 돌아간다는 뜻인 '나무아미타불'을 사람들에게 전파하여 사람들이 보다 쉽게 불교를 믿을 수 있도록 하였지요. 또 평소 마음속에 간직하고 있던 생각들을 글로 옮겨 책으로 만들었어요. 원효는 당나라에서 들여온 불교 경전을 이해하기 쉽게 풀어쓰거나 자신의 생각을 담아 다시 쓰기도 했지요.

원효가 평생 동안 쓴 책은 무려 150여 권이 넘었답니다.

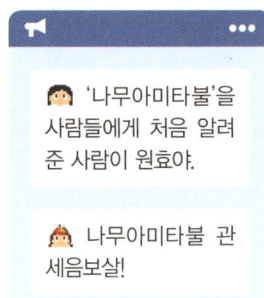

- '나무아미타불'을 사람들에게 처음 알려 준 사람이 원효야.
- 나무아미타불 관세음보살!

스타 실록

원효의 친구이자 화엄종의 대가 신라 승려
의상

의상(625~702)은 신라 진골 출신 귀족으로 원효와는 신분이 달랐다. 의상과 원효는 신분 차이와 여덟 살 나이 차이에도 불구하고 서로를 존경하고 믿는 절친한 친구 사이였다.

원효가 당나라 유학을 포기하고 신라로 돌아가자, 의상은 혼자 당나라 유학길에 올랐다.

당나라에 도착한 의상은 화엄종의 대가인 지엄 스님 밑에서 10여 년을 공부했다. 화엄종은 "하나가 전체요, 전체가 하나다."라는 말을 강조하며 부처와 중생이 하나라고 믿는 불교의 한 종파이다.

화엄종을 연구하고 신라로 돌아온 의상은 신라에 화엄종을 퍼뜨리기 위해 노력했다. 전국에 부석사, 흑석사, 초암사 등 10여 개의 사찰을 세우고 화엄종 교단을 만들었다.

의상은 신라의 불교 인재를 키워 내기도 했다. 의상에게는 약 3,000명의 제자가 있었는데 모두 신라 불교의 중요한 기둥 역할을 했다.

요석 공주와 사랑에 빠지다

원효는 그 당시 다른 승려들과는 여러 가지로 달랐어요. 자신만의 생각을 가지고 불경을 다시 쓰기도 했고, 결혼도 하여 아이도 낳았지요.

원효와 결혼한 사람은 무열왕의 둘째 딸 요석 공주였어요. 원효가 훌륭한 인물임을 안 요석 공주가 원효에게 반해 시집을 간 것이었지요. 원효와 요석 공주 사이에서 태어난 설총은 훗날 신라의 대학자로 자랐어요.

결혼을 하고 아이를 낳아 불교의 계율을 지키지 못한 원효는 스스로 승려 옷을 벗었어요. 그리고 전국 방방곡곡을 돌아다니며 백성들에게 불교를 전파하였답니다.

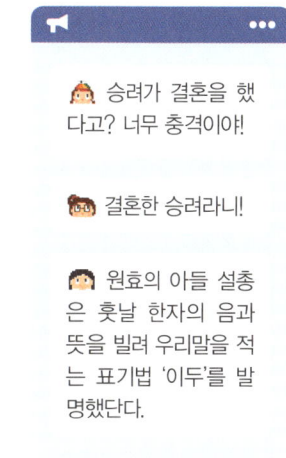

🙍 승려가 결혼을 했다고? 너무 충격이야!

🙎 결혼한 승려라니!

🙍 원효의 아들 설총은 훗날 한자의 음과 뜻을 빌려 우리말을 적는 표기법 '이두'를 발명했단다.

스타 실록

『왕오천축국전』을 남긴 신라 승려
혜초

혜초(704~787)는 밀교를 연구한 승려이다. 밀교는 인도에서 시작된 불교의 한 종파이다.

혜초는 인도의 승려이자 밀교 스승인 금강지와 함께 불교의 성지 인도를 약 4년 동안 순례하고 돌아왔다.

혜초는 인도 순례길에서 보고 들은 내용을 적어 『왕오천축국전』을 완성하였다. 『왕오천축국전』은 우리나라 최초의 세계 여행 기록으로 '다섯 곳의 천축국(인도)을 다녀와서 지은 책'이라는 뜻이다.

『왕오천축국전』은 1908년 프랑스 학자에 의해 중국에서 처음 발견되었다. 『왕오천축국전』이 발견된 간쑤성의 둔황 천불동은 중국에서 가장 오래된 석굴로 옛 불화와 불경들이 많이 발견된 곳이다. 둔황은 중국 서쪽 끝에 있는 지역으로 인도나 다른 아시아 지역에서 중국으로 들어가려면 거쳐야 했던 길목이다.

『왕오천축국전』이 둔황에서 발견된 것으로 보아 혜초 역시 둔황에 머물렀던 것으로 추측하고 있다.

❺ 삼국 통일의 주역 신라인과 고구려의 후예 발해인

신라 재상
김대성 ⌄

연관 검색어

전생 체험자   김문량   손바닥   불국사
석굴암   곰   토함산   장수사

업적
- 불국사와 석굴암을 지음

주요 사건
- 승려에게 시주를 하고 부잣집에서 다시 태어남
- 다시 태어났을 때 손바닥에 이름이 쓰여 있었음
- 전생의 어머니, 현생의 부모님과 함께 삶
- 곰 사냥 후에 꿈을 꾸고 장수사를 지음

700년	751년	774년
출생	불국사와 석굴암 창건	사망

다음 생을 위해서라면

대성과 대성의 어머니 경조는 주인집에서 얹혀살며 일을 도왔어요. 어느 날 한 승려가 주인집을 찾아와 시주를 하라고 했어요. 주인댁이 시주를 하자 승려는 1만 배의 복이 들어올 것이라고 말했지요. 그 모습을 본 대성은 어머니에게 말했어요.

"어머니, 저희가 가난한 것은 전생에 공덕을 쌓지 못한 것이니 다음 생을 위해 저희도 시주를 하는 것이 어떻겠습니까?"

경조는 대성의 말에 시주를 했지만 어찌 된 일인지 며칠 후 대성이 죽고 말았어요. 다음날, 귀족 김문량이 경조를 찾아와 어젯밤 '대성이 너희 집에 환생할 것'이라는 말을 들었다고 했어요. 몇 달 후 김문량의 아내는 손바닥에 '대성'이라고 쓰여 있는 사내아이를 낳았어요. 공덕을 쌓아 부잣집에서 다시 태어난 대성은 전생의 어머니와 현생의 부모님과 함께 살았답니다.

> 🙍 대시 태어난 김대성은 어떻게 자신의 전생을 알았을까요?
>
> 🧑 김대성이 다시 태어날 때 하늘에서 그 사실을 알려 주었다는구나.
>
> 🙍 머리가 성처럼 커서 '대성'이라는 이름이 되었다면서요?

신비한 삼국 서프라이즈
손바닥에 이름을 가지고 태어난 아이

불국사와 석굴암을 짓다

어른이 된 대성은 곰 사냥을 즐겨 했어요. 하지만 특별한 꿈을 꾼 이후 사냥을 그만두고 부처님께 정성을 바치기로 했지요. 대성은 자신이 미래를 위해 시주한 것처럼 현생의 부모님을 위해 불국사를, 전생의 어머니를 위해 석굴암을 짓기 시작했어요.

하루는 대성이 석굴암의 석탑을 깎고 있는데 돌이 세 개로 쪼개졌어요. 속상해하며 잠든 대성의 꿈에 하늘 신이 나타나 석탑을 완성해 주었어요. 다음날 나가 보니 정말로 석탑이 완성되어 있었어요. 이처럼 대성에게는 신기한 일이 자주 일어났답니다.

하지만 대성은 불국사와 석굴암을 완성하지 못하고 세상을 떠났어요. 신라 조정에서는 대성의 효심을 높이 사, 대성이 못다 지은 불국사와 석굴암을 완성해 주었답니다.

- 불국사는 임진왜란 때 불에 타, 조선 시대에 재건됐다면서요?
- 맞아. 반면 석굴암은 천 년이 지난 지금까지도 그대로란다.
- 잠깐! 김대성이 토함산에 장수사라는 절도 지었어요?
- 거기에도 재미있는 이야기가 있지.

삼국 사냥 갤러리

제 목	토함산으로 곰 사냥 다녀온 이야기 푼다
글쓴이	다시태어나도김대성	조회 1376	댓글 37

어제 토함산으로 곰 사냥 다녀왔음.
근데 꿈에 내가 사냥한 곰이 귀신으로 나타나서 "네가 나를 죽였으니 나도 너를 죽이겠다."라고 하는 거임. 그래서 살려달라고 빌었음. (꿈인 거 아는데도 진짜 무서웠음.) 그랬더니 곰이 자신을 위해 토함산에 장수사라는 절을 지으라고 함. 그리고 잠에서 깼음. 이제 사냥 절대 안 나갈 거임. 님들도 생명 소중히 여기시길. 그럼 나는 이만 토함산에 절 지으러 감.

전체 댓글 37개 등록순▼
익명(175.213) 김대성? 모량리에서 다시 태어난 김대성 님 맞으세요?

신라의 불교 예술

▲ 불국사

▲ 다보탑

▲ 불국사 3층 석탑

　불교 중심으로 문화를 크게 발달시킨 신라는 각종 절, 불상, 탑, 범종 등을 만들었어요. 불국사는 경주에 있는 대표적인 신라 문화재로 부처님의 세계인 '불국토'를 상징하는 곳이에요.

　불국사를 지키는 불상에는 신라를 지키고 구원하며 백성들의 안녕을 기원하는 마음이 깃들어 있어요. 게다가 예술적으로도 큰 아름다움을 지니고 있지요. 불국사 안에 있는 3층 석탑, 다보탑, 청운교, 백운교 등과 같은 건축물들은 신라인의 예술적 솜씨와 아름다움을 잘 표현하고 있답니다.

　불국사에서 가장 유명한 것은 석굴암이에요. 석굴암은 사각형 모양의 앞방과 원형 모양의 뒷방으로 이루어져 있어요. 앞방은 부처님께 절을 하고 공양을 드리기 위한 장소이고, 뒷방은 연꽃 위에 앉아 있는 본존 불상을 모시는 곳이지요. 석굴암은 지은 지 천 년이 넘었지만 지어졌을 당시 모습 그대로를 잘 유지하고 있답니다.

　석굴암의 천장은 돌판을 둥글게 쌓아 올린 거예요. 접착제나 현대적인 도구 없이 이러한 건축물을 완성한 것은 엄청난 일이랍니다.

석굴암 본존 불상 ▶

6
신라 말 혼란기 속 주요 인물

- 828년   청해진 설치
- 889년   원종·애노의 난
- 900년   후백제 건국
- 901년   후고구려 건국
- 935년   신라 멸망

혼란에 빠진 한반도

신라 말기 사회는 혼란스럽기 그지없었어요. 신라 제36대 왕인 혜공왕이 김지정의 난으로 죽었고, 9세기에 들어와서는 김헌창의 난, 원종·애노의 난 등 수많은 반란이 일어났지요. 왕권이 약해져 그 힘이 지방까지 닿지 못하자 지방에는 왕보다 강한 권력을 가진 호족들이 하나둘 생겨나 독자적인 세력을 펼쳤어요. 그리고 멸망한 고구려와 백제의 뒤를 잇는 새로운 나라를 세우겠다는 반란도 일어났지요. 신라는 마치 바람 앞의 등불처럼 위태로웠답니다. 과연 신라의 운명은 어떻게 될까요?

❻ 신라 말 혼란기 속 주요 인물

신라 장군
장보고

연관 검색어
당나라   흥덕왕   청해진   청해진 대사
해상왕   중계 무역   김우징   신무왕   염장

업적
- 청해진 대사가 되어 해적들을 물리침
- 청해진을 동아시아 무역의 중심지로 만듦

주요 사건
- 당나라에서 높은 직위의 군인이 됨
- 청해진을 설치하고 청해진 대사가 됨
- 김우징을 신라 제45대 왕으로 세움
- 부하 염장에게 암살당함

????	828년	836년	839년	846년
출생	청해진 대사로 임명	김우징과 조약	김우징을 왕으로 세움	사망

출세를 위해 당나라로

장보고는 어려서부터 활쏘기와 말타기 등 못하는 것이 없었어요. 하지만 신분이 낮아 신라에서는 장군이 될 수 없었지요.

장보고는 장군이나 높은 지위의 사람이 되려면 당나라로 가는 것이 빠르겠다고 생각했어요. 당나라에서는 전투에서 공만 세우면 신분에 상관없이 높은 자리에 올라갈 수 있었거든요. 출세를 위해 당나라행을 택한 것이지요.

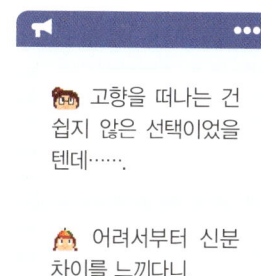

🙍 고향을 떠나는 건 쉽지 않은 선택이었을 텐데······.

🙎 어려서부터 신분 차이를 느끼다니.

바다의 왕자, 청해진 대사 장보고

당나라 군인이 된 장보고는 전투에 여러 번 참여하면서 점점 직위가 높아졌어요. 그러던 어느 날 장보고는 당나라로 끌려온 신라인들의 비참한 생활을 목격했어요. 해적들에게 붙잡혀 당나라 노비로 팔려 온 신라인들이었죠.

장보고는 신라로 돌아가 신라 제42대 왕 흥덕왕을 찾아갔어요. 당시 장보고는 당나라 군인 중에서도 높은 직위였기 때문에 아무도 무시하지 못했고, 쉽게 흥덕왕도 만날 수 있었어요.

장보고는 흥덕왕에게 해적들이 끼친 피해가 얼마나 많은지 보고하며 청해(지금의 완도 지역)에 해적을 막을 군대인 '진'을 설치해달라고 요청했어요. 그러자 흥덕왕은 군사 1만 명을 내어 주며 장보고를 청해진 대사로 임명했어요.

이후 장보고는 바다를 장악하고 있던 해적들을 전부 물리쳤어요. 해적이 사라지자 바다는 평화로워졌고, 모든 사람들이 자유롭게 바닷길을 이용할 수 있게 되었지요.

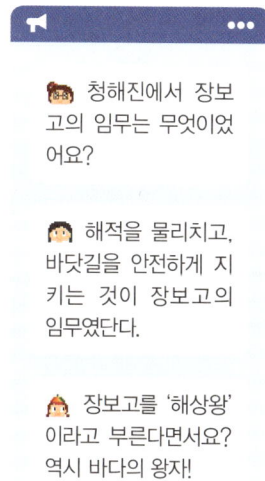

🙍 청해진에서 장보고의 임무는 무엇이었어요?

🙎 해적을 물리치고, 바닷길을 안전하게 지키는 것이 장보고의 임무였단다.

🙍 장보고를 '해상왕'이라고 부른다면서요? 역시 바다의 왕자!

해상 무역은 나에게 맡겨라!

바다에 평화가 찾아오자 장보고는 당나라와 일본을 잇는 중계 무역을 시작했어요. 장보고는 청해진에 성과 항구 시설을 구축하여 무역을 할 수 있는 대표 항구로 만들었어요.

청해진은 금세 당나라와 일본뿐만 아니라 다른 나라에서 몰려온 무역상들로 북적였어요. 멀리 아라비아 상인까지 찾아오면서 청해진은 동아시아 무역의 중심지가 되었지요.

신라에서 생산된 물건들은 당나라와 아라비아 상인에게 팔렸고, 외국의 신기한 물건들은 청해진으로 수입되어 다른 나라에 팔렸어요. 주로 나라 중심으로 무역이 이뤄지던 이전과 달리 장보고는 독자적으로 무역 거래를 하기 시작한 거예요.

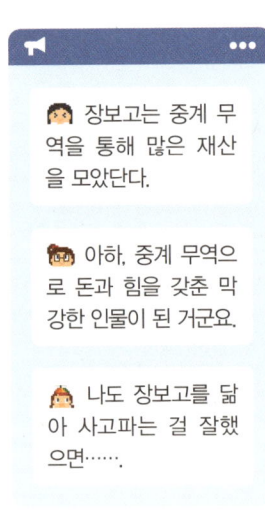

- 장보고는 중계 무역을 통해 많은 재산을 모았단다.
- 아하, 중계 무역으로 돈과 힘을 갖춘 막강한 인물이 된 거군요.
- 나도 장보고를 닮아 사고파는 걸 잘했으면······.

▲ 청해진 유적 현재 모습

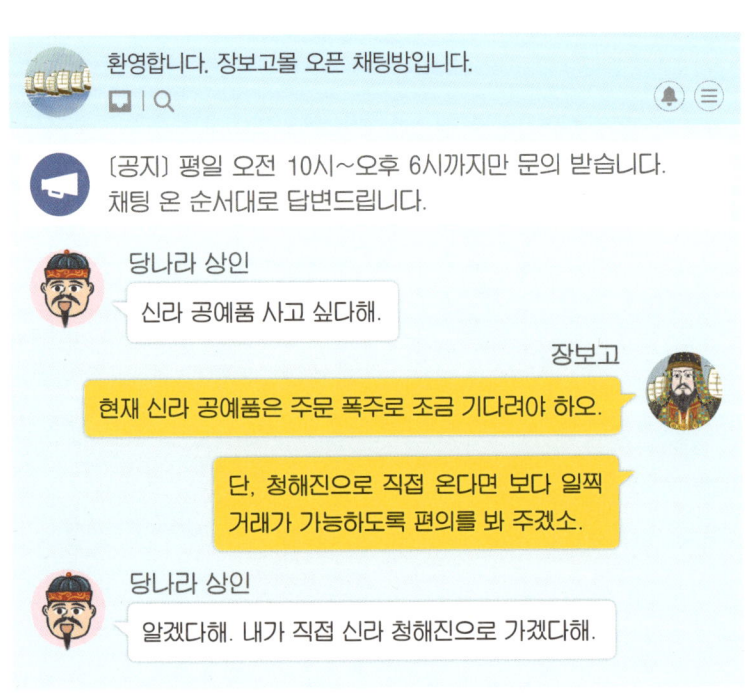

환영합니다. 장보고몰 오픈 채팅방입니다.

〔공지〕 평일 오전 10시~오후 6시까지만 문의 받습니다. 채팅 온 순서대로 답변드립니다.

당나라 상인: 신라 공예품 사고 싶다해.

장보고: 현재 신라 공예품은 주문 폭주로 조금 기다려야 하오. 단, 청해진으로 직접 온다면 보다 일찍 거래가 가능하도록 편의를 봐 주겠소.

당나라 상인: 알겠다해. 내가 직접 신라 청해진으로 가겠다해.

정치 싸움에 휘말린 끝은……

아들이 없었던 흥덕왕이 세상을 떠나자 왕위를 건 싸움이 일어났어요. 권력 싸움에서 밀려난 김우징은 청해진으로 피신을 왔어요. 그리고 장보고에게 자녀들의 결혼을 약속하며 자신이 왕이 되도록 도와달라고 했어요. 장보고는 5천 명의 군사를 이끌고 수도로 진격해 김우징을 신라 제45대 왕 신무왕으로 세웠어요. 하지만 신무왕은 장보고와의 약속도 지키지 못한 채 왕위에 오른 지 약 3개월 만에 세상을 떠나고 말았어요.

화가 난 장보고는 다시 수도로 진격하려고 했어요. 하지만 부하 염장에게 암살을 당하고 말았지요. 그 후 신라 정부는 장보고의 군대를 해산시키고 청해진도 없애 버렸답니다.

🙂 장보고는 신무왕의 아들 문성왕에게 자신의 딸을 왕비로 맞아 달라고 요청했지만 받아들여지지 않았어.

😠 치사해! 신무왕이 먼저 약속한 건데!

🙁 장보고의 비극이네요.

6두품 천재, 당나라 관리가 되다

최치원은 신라 말기의 뛰어난 학자예요. 네 살에 글을 배우기 시작해 열 살에 사서삼경을 다 알 정도로 아주 똑똑했지요.

당시 신라에는 골품제라는 신분 제도가 있었어요. 성골이나 진골 같은 높은 귀족으로 태어나지 못하면 아무리 훌륭한 인재여도 관직을 갖는 데 제한이 많았지요. 6두품이었던 최치원도 골품제에 불만이 많았어요. 신라에서 기회를 잡을 수 없었던 최치원은 열두 살에 당나라로 떠났어요. 당나라 관리가 되면 신라로 돌아왔을 때 신분에 상관없이 높은 관직까지 올라갈 수 있었거든요.

최치원은 열여덟 살 어린 나이에 당나라에서 외국인들이 보는 과거 시험인 빈공과에 장원으로 합격했어요. 이후 최치원은 당나라의 여러 관직을 역임했답니다.

🔊 사서삼경이란 유교의 기본 경전을 말한단다.

🧒 어렸을 때 글도 깨우치고 어려운 시험도 통과하다니. 진짜 천재인 듯!

🙊 골품제로 신라에서 꿈을 이룰 수 없었던 많은 사람들이 당나라로 유학을 떠났대.

골품제

등급	관등명	골품				공복 색깔
		진골	6두품	5두품	4두품	
1	이벌찬					자주색
2	이 찬					
3	잡 찬					
4	파진찬					
5	대아찬					
6	아 찬					비색*
7	일길찬					
8	사 찬					
9	급벌찬					
10	대나마					푸른색
11	나 마					
12	대 사					노란색
13	사 지					
14	길 사					
15	대 오					
16	소 오					
17	조 위					

골품제 tip

- 신분에 따라 올라갈 수 있는 관직의 등급이 달랐다.
- 같은 신분끼리만 결혼할 수 있었다.
- 옷차림, 집 크기 등 일상적인 것에서도 차별을 두었다.

*비색 옅은 붉은 색

글로 황소의 난 제압!

🗨️ 칼 한번 휘두르지 않고 편지 한 통으로 황소를 제압하다니!

🗨️ 나도 그런 글솜씨를 가져 봤으면……!

🗨️ 최치원처럼 책을 많이 읽어 봐.

당나라 곳곳에선 농민들이 반란을 일으켰어요. 그중에는 소금 밀매 조직의 두목인 황소라는 인물도 있었어요. 황소는 자신을 믿고 따르는 사람들이 많아지자, 황소의 난을 일으켜 당나라의 장안 지역을 점령하고 스스로 황제가 되었어요.

당나라에서 종사관 관직을 맡고 있던 최치원은 황소를 물리치라는 임무를 받았어요. 최치원은 황소를 공격하기 전, 항복을 권유하는 편지를 써서 보냈어요. 황소는 최치원의 글이 얼마나 무서웠는지 편지를 읽자마자 그 자리에 털썩 주저앉고 말았어요.

얼마 후 황소의 난은 제압되었고, 당나라 사람들은 최치원의 글이 황소를 물리쳤다며 놀라워했어요. 최치원이 황소에게 쓴 글은 「토황소격문」이라고 불린답니다.

끝내 넘지 못한 신분의 한계

최치원은 17년 만에 신라로 돌아왔어요. 신라 제49대 왕인 헌강왕은 최치원의 능력을 높이 평가하여, 최치원을 왕의 문서를 담당하는 한림학사로 임명했어요. 하지만 헌강왕이 죽자 최치원은 지방의 한가한 직위로 물러나게 되었지요.

최치원은 계속해서 신라를 개혁할 방안을 생각했어요. 그리하여 신라 제51대 왕인 진성 여왕에게 신라 사회 개혁 방안인 시무 10여 조를 지어 바쳤어요. 하지만 신라 정부는 최치원의 개혁안을 받아들이지 않았어요. 오히려 최치원이 권력을 잡을까 봐 최치원을 경계하고 앞을 막아섰지요.

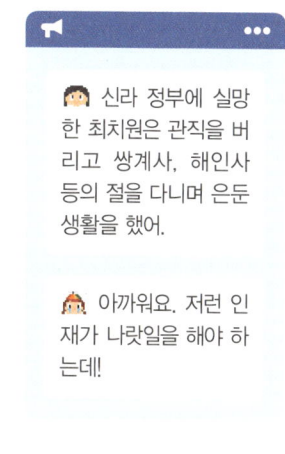

🧑 신라 정부에 실망한 최치원은 관직을 버리고 쌍계사, 해인사 등의 절을 다니며 은둔 생활을 했어.

👩 아까워요. 저런 인재가 나랏일을 해야 하는데!

좋아요 857개
choichi1 관직을 그만두고 정치를 멀리해도 신라를 향한 마음은 변함이 없네요. #최치원 #자작시 #「추야우중」 가을바람에 괴롭게 시를 읊네. 세상에 나를 알아주는 이가 적구나. 한밤중 창밖에는 비가 내리고 등불 앞 내 마음은 만 리 밖을 달리는도다.

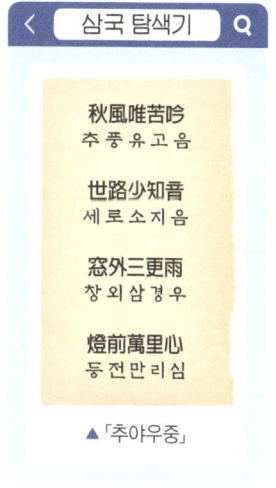

삼국 탐색기

秋風唯苦吟
추 풍 유 고 음

世路少知音
세 로 소 지 음

窓外三更雨
창 외 삼 경 우

燈前萬里心
등 전 만 리 심

▲「추야우중」

스타 실록

시작과 끝이 달랐던
신라 제51대 왕
진성 여왕

신라의 마지막 여왕이다. 진성 여왕(?~897)은 선덕 여왕, 진덕 여왕에 이어 신라의 세 번째 여왕이 되었다.

진성 여왕은 신라 제48대 경문왕의 딸이자 제49대 헌강왕, 제50대 정강왕의 동생이다. 당시 아들이 없었던 정강왕의 유언에 따라 진성 여왕이 왕위에 올랐다. 선덕 여왕과 진덕 여왕이 왕위에 올랐을 때와 비교하면 진성 여왕이 왕위에 올랐을 때는 왕족이나 귀족들의 반발이 거의 없었다.

진성 여왕이 왕위에 올랐을 당시 신라는 아주 불안했다. 지방 세력들의 힘이 강해져 언제 반란이 일어나도 이상하지 않은 상황이었다. 진성 여왕은 백성들의 상황을 파악해 세금을 줄이고 죄를 용서해 주었다.

초창기의 진성 여왕은 어질고 현명했다. 하지만 많이 따랐던 상대등 위홍이 죽자, 더 이상 나라를 돌보지 않았다. 진성 여왕 주변에는 간신들이 넘쳐났고, 신라는 금세 엉망이 되었다.

진성 여왕은 나라에 흉년이 들었을 때도 예외 없이 세금을 거두었다. 흉년으로 세금을 낼 수 없게 된 백성들은 도적이 되기 일쑤였다. 사방에 도적이 들끓고, 곳곳에서 반란이 일어나자 진성 여왕은 이를 감당할 자신이 없어 헌강왕의 아들 요를 태자로 세우고 왕위에서 내려왔다.

스타 실록

신라 농민 항쟁의 주역
원종과 애노

진성 여왕 재위 시절 신라는 가뭄으로 흉년이 들었다. 수확할 곡식이 많지 않음에도 진성 여왕은 세금을 줄여 주지 않았다. 세금을 낼 수 없는 농민들은 도적이 되거나 한밤중에 몰래 나라 밖으로 도망치곤 했다.

원종(?~?)과 애노(?~?)는 신라 사벌주(지금의 상주 지역)에 살던 농민이었다. 생활이 힘들어진 원종과 애노는 889년에 주변 농민들과 '원종·애노의 난'을 일으켰다. 원종·애노의 난은 진성 여왕 때 맨 처음 일어난 농민 반란이었다.

반란에 참여하는 농민들의 숫자가 계속 많아지자 중앙 정부에서는 사벌주에 군사를 보냈다. 하지만 군사들도 농민들의 기세에 눌려 도망가고 말았다.

다른 지방에서도 각종 농민 반란이 일어나기 시작했다. 이 상황을 본 지방 세력들은 중앙 정부의 힘이 지방까지 미치지 못한다는 것을 알게 되었고, 자신들의 몸집을 부풀리는 데 집중했다. 원종과 애노가 일으킨 반란을 시작으로 지방 세력이 성장하고 신라 국력이 급격히 떨어지게 되었다.

파일   편집   레이아웃   문자

ⓧ 스타 실록_호족

스타 실록

🏠홈 | 속보 | 정치 | 사회 | 생활/문화

호족, 그들은 누구인가?

 한반도에 세워진 나라 대부분은 왕과 귀족들이 나라 중앙에 모여 정치를 했다. 그들은 권력을 갖고 있어 지방 세력까지 장악할 수 있었다. 하지만 나라가 기울어지고 왕권 싸움이 벌어지면 상황이 달라진다. 중앙의 힘이 지방까지 닿지 못해, 지방을 다스리던 사람들이 독자적인 힘과 세력을 갖게 된다. 지방의 독자적인 세력을 '호족'이라고 부른다. 신라 말기, 호족 세력의 성장은 신라가 기우는 계기가 되었다.

❻ 신라 말 혼란기 속 주요 인물

 좋아요　 팔로우　 공유　 저장

후고구려 제1대 왕
궁예 ⌄

연관 검색어 ❓
애꾸눈　신라　호족　후고구려　태봉
미륵보살　관심법　석총　왕건

업적
- 송악 지역에 후고구려를 세움

주요 사건
- 갓난아이 때 신라 왕실에서 버림받음
- 수도를 철원으로 옮기고 나라 이름을 바꿈
- 스스로를 미륵보살이라고 칭하며 관심법을 씀
- 관심법으로 부인과 자식을 죽임
- 왕건을 필두로 내세운 반란군에게 죽음

????	901년	905년	918년
출생	후고구려 건국	철원으로 천도, 나라 이름 태봉으로 변경	사망

애꾸눈이 된 사연

궁예는 원래 신라 왕족이었어요. 궁예가 태어났을 때 빛이 하늘을 뒤덮자, 그것을 본 신하가 왕에게 말했어요. 오늘 태어난 아이는 신라에 해를 끼칠 테니 반드시 죽여야 한다고 말이지요. 신하의 말을 들은 왕은 궁예를 죽이기로 결심했어요. 이 과정에서 궁예의 한쪽 눈에 상처가 나 애꾸눈이 되고 말았어요.

왕실에서 버려진 궁예를 불쌍하게 여긴 유모는 궁예를 안고 궁을 탈출했어요. 그리고 궁예가 열 살이 되었을 때 출생의 비밀을 알려 주었지요. 충격을 받은 궁예는 집을 나와 세달사라는 절에 들어가 승려가 되었어요. 하지만 승려 생활에 적응을 못하고 금방 뛰쳐나왔답니다.

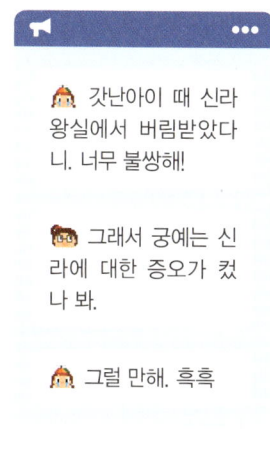

갓난아이 때 신라 왕실에서 버림받았다니. 너무 불쌍해!

그래서 궁예는 신라에 대한 증오가 컸나 봐.

그럴 만해. 흑흑

옛 고구려 땅에 들어선 후고구려

세달사에서 나온 궁예가 마주한 신라는 혼돈 그 자체였어요. 곳곳에서 반란이 일어났고, 호족들은 서로 훌륭한 무관을 모으기 위해 혈안이었지요. 궁예도 호족의 군사로 들어갔어요. 궁예는 기훤, 양길 등 지방 호족 밑에 있으면서 자신의 세력을 만들어 갔어요. 궁예가 항상 모든 것을 부하들과 공평하게 나눈다는 사실이 퍼지자 궁예를 따르는 부하들이 점점 늘어났어요.

901년, 궁예는 마침내 옛 고구려 지역인 송악을 수도로 정하고 나라를 세웠어요. 고구려 유민들의 마음을 얻기 위해 나라 이름도 후고구려라고 정했지요. 905년, 궁예는 수도를 송악에서 철원으로 옮기고 나라 이름도 태봉으로 바꾸었답니다.

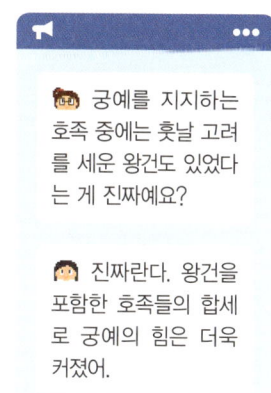

궁예를 지지하는 호족 중에는 훗날 고려를 세운 왕건도 있었다는 게 진짜예요?

진짜란다. 왕건을 포함한 호족들의 합세로 궁예의 힘은 더욱 커졌어.

나는 미륵보살이다

불교에서는 부처에 이어 미륵보살이 세상에 내려와 불행한 상황에 처한 사람들을 구원할 것이라고 했어요. 궁예는 스스로를 미륵보살이라고 칭하며 자신이 힘든 세상 속 백성들을 구해 낼 것이라고 말했지요.

신하들은 궁예의 관심법 때문에 궁예 앞에 서면 꼼짝도 못했어요. 궁예는 자신에게 사람들의 마음을 꿰뚫어 볼 수 있는 관심법 능력이 있다고 했어요. 그러면서 마음에 들지 않는 신하에게 마음속에 나쁜 생각을 가지고 있다며 별 이유 없이 죽이곤 하였지요. 심지어 궁예는 부인과 아들에게까지 관심법을 핑계로 사형을 내렸어요. 신하들은 궁예가 무서워 옳은 말을 하지 못했어요. 이상해지는 궁예를 보며 신하들의 마음은 점점 멀어졌어요.

> 🗣 언니, 근데 궁예는 왜 머리에 금빛 고깔을 쓰고 다녔을까? 좀 웃긴 것 같아.
>
> 🗣 자신이 미륵보살이라는 것을 세상에 알리기 위해서였대.
>
> 🗣 누구인가? 누가 기침 소리를 내었는가?

파국이다! ➡ 왕건의 등장

궁예의 횡포는 점점 심해졌어요. 궁예는 백성들에게 부처의 교리를 알려 주겠다며 스무 권짜리 불경을 만들었어요. 불경 안에 든 내용은 모두 본인 자랑뿐이었어요. 폭군이 되어 버린 궁예에게 신하들은 아무 말도 하지 못했어요.

그때 석총이라는 승려가 나타나 궁예의 불경이 잘못되었다고 지적했어요. 화가 난 궁예는 석총을 때려죽였어요. 그 모습에 궁예를 믿고 따랐던 승려들은 더 이상 궁예를 따르지 않았어요.

폭정에 시달리던 호족과 병사들은 왕건을 필두로 궁예를 공격하기로 했어요. 그 사실을 안 궁예는 궁을 몰래 빠져나와 산속에 숨었지만 사람들에게 붙잡혀 비참한 최후를 맞았답니다.

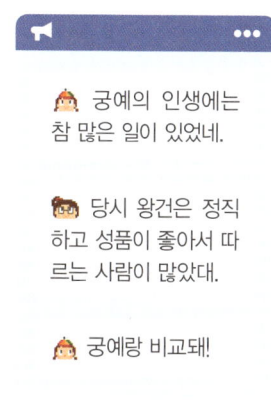

🙍 궁예의 인생에는 참 많은 일이 있었네.

🙊 당시 왕건은 정직하고 성품이 좋아서 따르는 사람이 많았대.

🙍 궁예랑 비교돼!

후고구려 대나무 숲

후고구려 대나무 숲
1시간 전

918번째 이야기
#고발
승려 석총이 궁예의 불경이 잘못되었다고 지적했다. 하지만 궁예는 석총의 말을 받아들이지 않고, 오히려 석총을 때려죽였다. 이 어찌 한 나라의 왕이 할 행동이란 말인가!

익명 님 외 3,280명   👍 좋아요   💬 댓글 572개

∨ 댓글

미륵보살과 관심법으로도 모자라서……! 정말 해도 해도 너무하는군요. 오늘 밤 궁 앞에 모입시다!😡😡

▲ 궁예가 은신한 곳이자 최후를 맞이한 명성산

❻ 신라 말 혼란기 속 주요 인물

 좋아요　 팔로우　 공유　 저장

후백제 제1대 왕
견훤 ⌄

연관 검색어 ❓
호랑이　후백제　신라　고려　경애왕
경순왕　신검　금산사　왕건

업적
- 옛 백제 지역에 후백제를 세움

주요 사건
- 어렸을 때 호랑이 젖을 먹고 자람
- 신라 경애왕을 죽음으로 몰고 경순왕을 세움
- 아들에게 배신당함
- 금산사에 갇힘
- 고려군과 함께 후백제 멸망에 앞장섬

867년	900년	929년	935년	936년
출생	후백제 건국	고창 전투에서 왕건에게 패배	금산사 탈출하여 고려로 도망	사망

호랑이 젖을 먹고 자란 아이

견훤의 아버지와 어머니는 농사일을 했어요. 농사를 짓는 동안은 견훤을 돌볼 수 없어 바로 옆에 있는 수풀에 눕혀 놓을 때가 많았어요.

하루는 수풀에 누워 있던 아기 견훤이 배가 고파 울기 시작했어요. 그러자 견훤의 울음소리를 듣고 근처 야산에서 호랑이 한 마리가 어슬렁어슬렁 내려왔어요. 호랑이는 조용히 견훤에게 다가갔어요. 멀리서 호랑이가 다가오는 것을 본 견훤의 부모는 너무 놀라 소리를 질렀어요. 하지만 호랑이는 아랑곳하지 않고 견훤에게 젖을 물렸고, 견훤도 놀라지 않고 젖을 먹었지요.

호랑이 젖을 먹고 자란 견훤은 골격이 튼튼하고 키가 장대하며 생각이 비범한 아이로 자랐답니다.

🗨️ 호랑이 젖을 먹다니. 건국 시조는 뭐가 달라도 다르구나.

🗨️ 호랑이 우유는 어떤 맛일까?

백제의 영광을 다시 한번!

진성 여왕 말기 신라는 전국이 혼란스러웠어요. 호족들의 힘이 강해져 곳곳에 병사를 갖고 있는 세력이 늘어났고, 가뭄으로 고통받던 백성들은 도적이 되거나 반란군이 되었지요.

견훤은 어려서부터 신라군으로 활동했어요. 군인들은 주로 도적이나 반란군을 진압하는 데 투입되었지요. 도적과 반란군 대부분은 생활이 힘들어 고향을 떠난 백성들이었지요. 이 모습을 본 견훤은 더 이상 신라에 희망이 없음을 깨달았어요.

견훤은 스물여섯 살에 자신을 따르던 부하들과 옛 백제 땅인 무진주(지금의 광주 지역)와 완산주(지금의 전주 지역)를 점령하고 백제의 부활을 꿈꾸며 후백제를 세웠어요. 이후 견훤은 전라남도와 충청남도, 경상도 서쪽 지역으로 영토를 넓혀 갔어요.

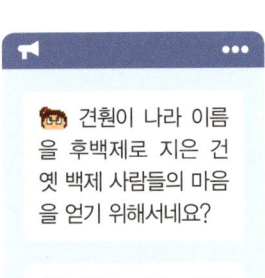

견훤이 나라 이름을 후백제로 지은 건 옛 백제 사람들의 마음을 얻기 위해서네요?

맞아. 그리고 견훤은 원래 성이 이 씨였으나 견 씨로 바꾼 거란다.

신라의 왕도 내가 바꿨지

918년, 한반도 북쪽에는 후고구려가 멸망하고 고려가 세워졌어요. 당시 영토가 점점 작아지고 있던 신라는 후백제보다 고려와 사이가 좋았지요. 견훤은 신라와 고려가 후백제를 공격하기 전에 먼저 신라를 공격하기로 결심했어요.

신라 제55대 왕인 경애왕은 견훤의 생각도 모르고 방탕한 생활을 이어 갔어요. 때를 엿보던 견훤은 927년에 신라를 공격했어요. 그리고 경애왕을 죽음으로 몰고 경순왕을 신라의 새로운 왕으로 세웠지요. 견훤의 잔인한 행동을 본 사람들은 점점 견훤에게 등을 돌렸어요.

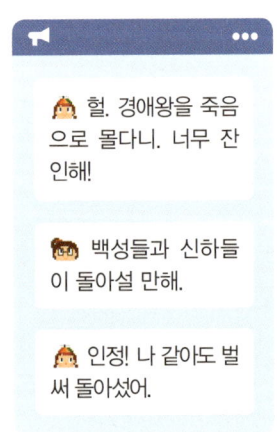

헐. 경애왕을 죽음으로 몰다니. 너무 잔인해!

백성들과 신하들이 돌아설 만해.

인정! 나 같아도 벌써 돌아섰어.

후백제 멸망에 앞장선 슬픈 사연

나이가 든 견훤은 왕위를 누구에게 물려줄까 고민했어요. 견훤은 첫째 아들보다는 넷째 아들이 왕위에 적합하다고 생각했어요. 견훤의 마음을 눈치챈 첫째 아들 신검은 넷째 아들 금강을 죽이고 견훤을 금산사라는 절에 가두었어요. 그리고 자신이 후백제의 제2대 왕이 되었지요. 금산사에 갇혀 있던 견훤은 고려로 도망쳤어요. 고려의 왕건은 견훤을 따뜻하게 맞아 주었어요.

신라의 경순왕이 고려에 항복하면서 한반도에는 고려와 후백제만 남았어요. 고려는 후백제를 공격하기 위해 군대를 정비했어요. 신검을 용서할 수 없었던 견훤은 후백제를 공격할 때 자신도 참전하겠다고 했어요. 결국 견훤은 고려군 맨 앞에 서서 자신이 세운 나라를 자신의 손으로 멸망시켰답니다.

🙍 고려군 맨 앞에 견훤이 서 있었다니!

🙎 후백제군은 얼마나 놀랐을까?

🙍 정말 비운의 왕인 것 같아. 잠깐! 견훤이 마지막 스타라고?

한반도를 빛낸 사람들

 **주몽** 고구려 제1대 왕
 **온조** 백제 제1대 왕
 **박혁거세** 신라 제1대 왕
 **수로왕** 가야 제1대 왕
 **근초고왕** 백제 제13대 왕

 **소수림왕** 고구려 제17대 왕
 **광개토 대왕** 고구려 제19대 왕
 **장수왕** 고구려 제20대 왕
 **지증왕** 신라 제22대 왕
 **진흥왕** 신라 제24대 왕

 **왕인** 백제 학자
 **담징** 고구려 승려·화가
 **우륵** 신라 가야금 명인
 **을지문덕** 고구려 장군
 **선덕 여왕** 신라 제27대 왕

 **무열왕** 신라 제29대 왕
 **계백** 백제 장군
 **연개소문** 고구려 장군
 **문무왕** 신라 제30대 왕
 **신문왕** 신라 제31대 왕

 **대조영** 발해 제1대 왕
 **원효** 신라 승려
 **김대성** 신라 재상
 **장보고** 신라 장군
 **최치원** 신라 학자

 **궁예** 후고구려 제1대 왕
 **견훤** 후백제 제1대 왕

사진 출처

10쪽	삼국사기, 삼국유사 ⓒ문화재청
37쪽	칠지도 ⓒ연합포토
45쪽	광개토 대왕릉비 복제본 ⓒLawinc82(위키미디어 공용), 광개토 대왕릉비 탁본 ⓒ연합포토
57쪽	창녕 척경비 ⓒ연합포토, 북한산 순수비 ⓒ문화재청
65쪽	호류사 ⓒ663highland(위키미디어 공용)
67쪽	금당 벽화 ⓒ연합포토
69쪽	우륵기념탑 ⓒ한국관광공사 대한민국 구석구석
80쪽	황룡사 9층 목탑 모형, 황룡사 9층 목탑 흔적 ⓒ연합포토
81쪽	선덕 여왕릉 비석 ⓒ문화재청
115쪽	석굴암 본존 불상 ⓒ연합포토
120쪽	청해진 유적 ⓒ완도군청(위키미디어 공용)
131쪽	명성산 ⓒ연합포토
그 외 사진 ⓒShutterstock	